머리에 쏙쏙! 재미는 두배!

퀴즈 세종대왕

지은이 **김슬옹**

한글파크

세종 정신을 이어받자

온 세상의 생물을 사랑하고 우주 만물의 소리를 품은 왕이 있었어요. 왕은 자연의 소리는 물론 백성의 소리도 빠짐없이 들을 수 있었지요. 백성의 소리를 귀담아 듣고 그들이 서로 소통하게 만든 유일한 임금, 바로 세종입니다. 세종은 한 나라 임금이기 이전에 음악가, 과학자, 언어학자였어요. 음악을 알았고 소리를 알았기에 우주만물의 흐름을 깨달아 문자를 창제하였지요.

세종이 위대한 업적을 남기게 된 중요한 까닭이 몇 가지 있어요.

첫째, 세종은 늘 질문하고 귀담아 듣고 대화하고 토론하기를 즐겼어요. 그래서 어떻게 하면 백성이 편하게 잘살지 스스로 묻거나 신하들에게 물었을 뿐만 아니라 책을 읽으며 신하들과 토론했어요. 백성의 생각도 알고 싶어 세계 최초로 왕의 지시로 신하들이 집집마다 찾아가 국가의 중요한 정책에 대한 의견을 듣기도 했어요.

둘째, 세종은 힘없는 사람을 꼭 챙겼어요. 재난이 닥쳤을 때는 어린이와 노인을 먼저 걱정했어요. 한글이 만들어지기 전에는 한자를 모르는 백성을 위해 만화책을 펴내기도 했고, 공중 해시계인 앙부일구에는 시간을 동물로 표시했어요. 이를테면 낮 열두 시는 말, 두 시는 양, 새벽 여섯 시는 토끼처럼 열두 띠 동물 그림을 이용했어요. 돌로 계단을 만들어 다섯 살짜리도 올라가 볼 수 있게 했고요.

셋째, 늘 책을 가까이 하면서 책에서 다양한 지식을 얻어 더 나은 세상을 만들려고 연구했어요. 그래서 온갖 문화와 과학이 꽃피는 서양의 르네상스 이상의 세상을 열 수 있었지요.

이렇듯 위대한 인물이다 보니 여기저기서 세종을 칭송하지만, 부끄럽게도 세종이 어떤 일을 어떻게 해 왔는지는 제대로 아는 사람이 적어요. 그래서 퀴즈 형식으로 세종대왕에 대해 알아볼 수 있도록 책을 구성했어요.

이 책은 이렇게 구성했어요.

길잡이	해당 분야의 전체 내용을 알기 쉽게 이해하기
1단계 숨고르기 퀴즈	기본 문제와 쉬운 문제로 세종 알아보기
2단계 차오르기 퀴즈	조금 어려운 문제와 응용문제로 세종 알아보기
3단계 아우르기 퀴즈	1, 2단계를 아우르는 아주 어려운 문제로 세종 알아보기
4단계 꽃피우기	공부한 내용을 바탕으로 자기 생각을 풀어 세종 되기

이 책을 만드는 데는 실록 다사리 원정재 선생님, 세종학교육원 강수현·김명미·장윤호 선생님, 세종대왕기념관의 안재응·홍현보 선생님의 도움이 컸습니다. 한글학회 김종택 회장님과 세종대왕기념사업회 최홍식 회장님, 세종사랑방 유영숙 회장님, 세종대왕국민위원회 최기호, 이대로, 반재철, 이윤태, 조기태, 최은경 선생님들께 특별히 감사드립니다. 세종 정신을 널리 펴고자 애쓰시는 한글파크 편집진에게도 세종의 사랑을 전합니다.

특별히 세종 생가터 복원을 위해 평생을 바치신 고 엄호열 회장님께 이 책을 바칩니다. 이 책은 고인의 뜻에 따라 기획되었으며 안타깝게도 이 책이 나오기 하루 전에 고인께서는 세종대왕 곁으로 가셨습니다. 그 고귀한 뜻을 늘 함께 나누겠습니다.

세종 생가터 옆 연구실에서
김슬옹 삼가 씀

추천의 말씀

　세종대왕이 창제한 한글이야말로 세계 위대한 학자들도 감탄하는 독창적이고 과학적인 글자로서 세계의 기록 유산이기도 하다. 더구나 한글은 세종대왕의 백성을 사랑하는 정신과 자주 정신에서 나온 글자이다.

　세종대왕의 백성 사랑은 한글에 그치지 않는다. 세종대왕은 복지, 농업 등 생존 문제부터 천문, 경제, 음악 등의 다양한 분야는 물론 국방·외교 분야 등에서 백성을 위해 위대한 업적을 남겼다. 세종의 업적에 대한 위대함을 그리 절실하게 느끼지 못하는 이들이 있어 아쉬움이 많다.

　그동안 세종대왕기념사업회를 비롯하여 여러 단체나 학자들이 세종의 업적을 기리기 위해 노력해 왔지만 어린이들을 위한 노력에는 소홀히 한 점이 없지 않다.

　이 책의 저자인 김슬옹 선생님은 훈민정음학과 국어교육학, 두 분야를 전공한 학자로서 후학의 양성과 학문 연구에 전념하며 세종대왕의 뜻을 널리 펴기 위해 애쓰고 있는 분이다. 김슬옹 선생님은 올해 세종대왕 탄신 618돌을 맞이하여 우리나라 청소년에게 세종대왕의 업적의 고마움과 중요성을 가르치고자 『퀴즈 세종대왕』을 지었다.

　『퀴즈 세종대왕』은 다양하면서도 알찬 문제를 통해 세종대왕의 위대한 정신과 뜻을 단계별로 배울 수 있어 어린이가 부담 없이 볼 수 있다. 『퀴즈 세종대왕』이야말로 그 어느 책보다도 세종대왕에 대한 여러 가지 궁금증을 풀어 보기에 좋은 책이다.

　『퀴즈 세종대왕』이 세종대왕을 이해하는 데 크게 기여하리라 믿고 기쁜 마음으로 추천하니, 여러 번 읽고 세종대왕의 위대함을 느껴 보길 바란다.

2015년 4월 15일
박 종 국 (세종대왕기념사업회 명예회장/문학박사)

목차

첫째 마당 조선의 르네상스를 꽃피운 세종과 가족 이야기 6

둘째 마당 인재를 키우는 교육 22

셋째 마당 조화로운 나라를 위한 정치 38

넷째 마당 미래의 뿌리가 된 역사 52

다섯째 마당 희망을 일구는 농사와 경제 66

여섯째 마당 사람다운 세상을 위한 복지 80

일곱째 마당 찬란하게 꽃피운 인쇄·출판, 문화 94

여덟째 마당 모든 백성들과 함께 한 과학 110

아홉째 마당 안정과 평화를 향한 국방·외교 126

열째 마당 인류 최고의 문자, 훈민정음 140

부록 세종 종합 퀴즈_가로세로 낱말 퍼즐 156
　　　　한글 기본 상식 짚어 보기 ○X 퀴즈 159
　　　　세종의 흔적을 찾아서 166

첫째 마당
조선의 르네상스를 꽃피운 세종과 가족 이야기

1397년 음력 4월 10일(양력 5월 15일) 경복궁 옆 한양 준수방에 있는 큰 집에서 방금 태어난 아기의 울음소리가 우렁차게 들렸어요. 훗날 태종 임금이 되는 이방원과 원경왕후가 되는 민씨 사이에서 셋째 아들, 바로 세종이 태어난 거예요.

▶ 지금의 서울시 종로구 통인동

이때는 조선이 세워진 지 5년밖에 안 되어 나라가 어수선했어요. 세종이 두 살 때인 1398년 8월 26일, 세종의 아버지 이방원이 조선을 세운 일등 공신 정도전과 이복형제 방석, 방번을 없앤 1차 왕자의 난을 일으켰어요. 세종이 태어날 즈음 왕 중심의 나라를 꿈꾸던 이방원과 신하 중심의 나라를 꿈꾸던 정도전이 날카롭게 대립하고 있었거든요.

이처럼 불안정한 새 나라에서 태어난 아이가 조선의 문화를 부흥하고 인류 최고의 문자와 문명을 일구게 될 줄은 아무도 몰랐어요. 세종은 22세에 왕위에 올라 32년간 나라를 다스린 뒤 54세에 돌아가셨어요.

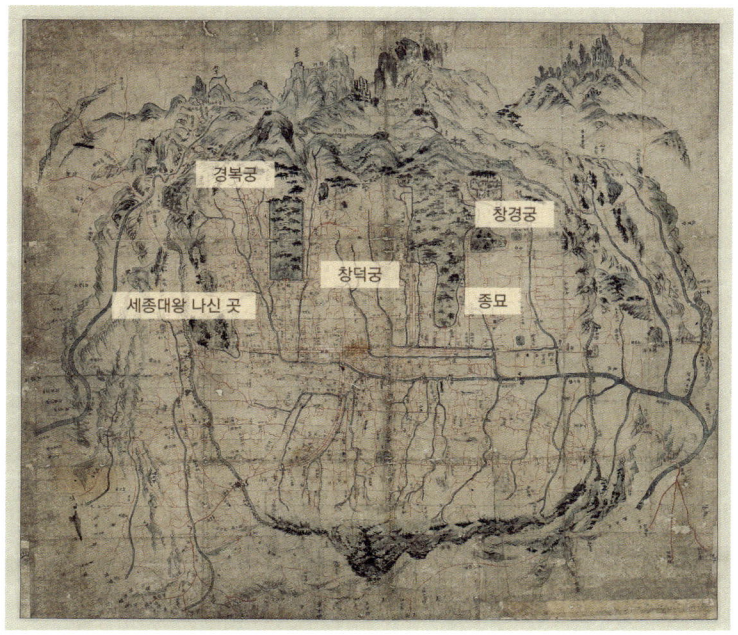

　세종은 어렸을 때부터 유난히 책을 좋아했어요. 세종 때의 역사를 기록한 책 《세종실록》에도 책과 관련된 어린 시절의 일화가 실려 있어요. 세종이 아픈데도 독서를 멈추지 않아 태종이 내시를 시켜 책을 다 감추게 하고, 《구소수간》이란 책만 곁에 두었더니 이 책을 닳을 때까지 읽었다고 해요. 세종은 임금이 돼서도 손에서 책을 놓지 않아 밥 먹을 때조차 반드시 책을 펼쳐 좌우에 놓았어요. 《사서삼경》은 물론이고 《사기》 같은 역사책까지 읽지 않은 책이 없었어요.
　이렇게 책을 좋아한 까닭을 세종이 직접 밝히기도 했어요.

"책에서 깨우치는 바가 많고 책은 정치와 일에 도움이 많이 된다."

세종은 임금이 된 뒤에도 연회 같은 특별 행사가 없을 때는 학술 토론회를 열었어요. 이런 독서와 학문 태도가 세종 르네상스의 바탕이 된 거지요.

세종이라는 이름은 세종이 세상을 떠난 뒤 붙은 거예요. 원래 이름은 '이도'입니다. '도'는 복이라는 뜻을 담고 있어요. 옛날에는 임금과 같이 귀한 사람의 이름을 함부로 부를 수 없었어요. 이름을 지어 주신 부모님에 대한 존경심 때문이지요. 그래서 사람들은 이도를 아주 어렸을 때는 '막동이'라 부르고 어른이 되어서는 '원정'이라고 불렀어요. '원정'에는 '으뜸, 바름'이란 뜻도 있고 '처음'이란 뜻도 있어요. 1408년(태종 8년)~1412년(태종 12년)에는 충녕군으로, 1413년(태종 13년)부터 임금이 되기 전에는 충녕대군으로 불렸어요. 세종이 운명한 뒤 불린 이름이 세종장헌영문예무인성명효대왕(世宗莊憲英文睿武仁聖明孝大王)인데 업적이 많아서 이름도 긴 거래요. 이를 줄여서 '세종'이라고 한 거예요.

세종은 소헌왕후와의 사이에서 8남 2녀를 두었는데, 맏이인 정소공주는 어려서 죽었어요. 첫째 아들이 문종이 되고 둘째 아들 수양대군이 세조가 되었지요. 문종의 동생이자 세조의 누나인 정의공주는 언어감각이 뛰어나 세종의 훈민정음 연구에 도움을 많이 주었어요.

세종은 말년에 훈민정음을 반포하고 널리 보급하기까지는 엄청난 고통이 있었어요. 여러 질병으로 몸이 아팠고 가까운 사람들의 잇따른 죽음 또한 마음을 아프게 했어요. 훈민정음 창제 2년 전인 1441년(세종 23년) 2월 20일 기록을 보면 세종이 직접 승정원에 눈병을 얻은 지 10년이나 되었다고 말씀하신 내용이 있어요. 같은 해 4월 4일에도 두 눈이 흐릿하고 뻑뻑하고 아파서 봄부터는 어두운 곳에서는 지팡이가 없으면 걷기 어렵다고 했어요. 세종은 몸이 몹시 안 좋은 상태에서 훈민정음을 창제했던 거지요.

훈민정음을 반포하기 두 해 전인 1444년에는 다섯째 아들 광평대군이 죽었고, 1445년에는 일곱째 아들 평원대군이, 1446년 음력 3월 24일에는 아내 소헌왕후가 죽었어요. 세종은 이런 슬픔을 딛고 1446년 음력 9월 상순에 훈민정음을 반포했어요. 세종은 1450년 음력 2월 17일 여덟째 아들 영응대군 집에서 운명하셨어요. 세종이 죽고 닷새 뒤 신하들은 다음과 같은 추도문을 바쳤어요.

> 처음부터 끝까지 늘 학문을 탐구하시었고, 잘 정치하는 근본을 연구해 내시기에 밤낮으로 온 힘을 다 쓰셨고, 정치하는 뜻을 넓게 펴셨습니다. 유교를 숭상하시어 백성을 가르치는 문화를 일으키셨고, 농사를 잘 짓게 하시고 형벌을 측은히 여기셨으며, 조상을 존대하고 친척을 공경하는 데 정성을 다하셨습니다.

14~16세기에 서양에서는 르네상스가 꽃피웠어요. 그런 서양과 전혀 다른 곳인 조선에서도 르네상스가 꽃핀 것이지요. 서양의 르네상스는 200~300년에 걸쳐 꽃피웠지만 세종의 르네상스는 30여 년 만에 이룩되었으니 세종의 업적이 어느 정도인지 가늠할 수 있겠지요.

▶ 서유럽에서 일어난 사람다운 세상을 위한 문화 운동

1단계 숨고르기 퀴즈

숨고르기 01

세종이 태어난 날을 기념일로 삼은 날은 무엇인가요?

① 어버이날(5월 8일)　　② 스승의 날(5월 15일)
③ 어린이날(5월 5일)　　④ 부부의 날(5월 21일)

도움말_ 세종은 우리 역사에서 가장 위대한 스승이잖아요. 그래서 1965년부터 세종이 태어난 5월 15일(음력 4월 10일)을 스승의 날로 정한 거예요.

숨고르기 02

세종은 어디서 태어났을까요?

① 개성　　　② 제주도　　　③ 한양 준수방

도움말_ 세종은 경복궁 궁궐 바깥 '준수방'에서 태어났어요. '준수방'은 한성을 열두 구역으로 나눈 곳 가운데 하나인데, 집이 있던 정확한 주소는 알 수 없어요. 생가터는 복원되지 않았고 서울 종로구 통인동 길가에 생가터를 알리는 새김돌만 있답니다.

새김돌 하나로 방치되어 있는 세종 생가터
(서울시 종로구 통인동)

숨고르기 03

'세종대왕'의 '세종'이란 이름은 세종이 돌아가신 뒤에 붙인 이름이에요. 그렇다면 세종의 원래 이름은 무엇일까요?

① 이향　　　　② 이산　　　　③ 이도

도움말_ '세종'이란 이름은 세종이 돌아가신 뒤 생겨서 세종 자신도 몰라요. 세종의 원래 이름은 '도'인데 뜻은 '옷소매(裪:옷소매 도)'라는 주장과 '복(祹: 복 도)'이라는 주장 두 가지 있답니다. '옷소매'라는 뜻으로 보면 평범한 뜻의 한자로 백성들한테 좋은 뜻을 양보하려는 마음이 담겨 있는 것이랍니다.
'이향'은 문종의 원래 이름이고 '이산'은 정조의 원래 이름이에요.

숨고르기 04

세종이 어린 시절 불리던 이름은 무엇인가요?

① 도야지　　　　② 막동　　　　③ 아기

도움말_ 옛날에는 귀한 사람의 이름을 함부로 부를 수 없었어요. 그래서 사람들은 어린 이도를 막동(莫同)이라고 불렀어요.

▶ 막내 아이라는 의미

숨고르기 05

세종 시대 '측우기'를 발명한 사람은 누구인가요?

① 장영실 ② 이순지
③ 이향(문종) ④ 이유(세조)

도움말_ 보통 장영실이 측우기를 발명했다고 알고 있지만 문종이 왕세자 시절에 발명했고 장영실이 만들었어요. 조선 5대 왕인 문종은 1450년 세종이 승하하자 왕위를 이어받았어요. 문종은 성리학은 물론 측우기 만드는 데 직접 참여했을 정도로 천문과 수학에 재능이 있었고 붓글씨도 잘 썼어요. 성격이 유순하고 자상해 누구에게나 좋은 말을 들었고, 행동이 침착하고 판단이 신중해 비난받는 일도 없었지요. 하지만 몸이 약하여 왕위에 오른 지 2년 4개월 만에 병으로 세상을 떠났어요.

숨고르기 06

훈민정음을 반포한 해인 1446년, 3월 24일에 ○○왕후가 수양대군 집에서 승하하였습니다. '○○왕후'는 누구일까요?

① 소헌 ② 정경 ③ 명성

도움말_ 세종 시대의 뛰어난 업적은 소헌왕후의 덕분이라고 할 만큼 소헌왕후는 우리 역사에서 가장 뛰어난 왕비로 알려져 있어요.

2단계 차오르기 퀴즈

차오르기 01

세종의 둘째 아들로, 〈훈민정음〉 언해본을 펴낸 임금은 누구인가요?

도움말_ 세종의 둘째 아들인 세조는 문학, 학문, 무예 등 다양한 분야에서 재주가 뛰어났어요. 세종이 훈민정음을 반포하는 일을 도왔고, 한글을 이용해 석가모니의 일대기를 정리한 《석보상절》을 직접 지었지요. 임금이 된 뒤에는 《훈민정음》 해례본(1446) 가운데 한문으로 된 서문과 예의를 한글로 번역하여 펴냈고, 간경도감을 두고 많은 불교 책을 한글로 펴냈어요.

▶ 훈민정음 소리와 문자의 사용법
▶ 불교와 관련된 책을 만들고 관리하던 기관

차오르기 02

세종의 둘째 딸로, 세종을 도와 훈민정음 만들고 널리 퍼뜨리는 일에 도움을 준 이는 누구인가요?

도움말_ 정의공주는 세종과 소헌왕후 사이에서 둘째 공주로 태어났어요. 《죽산안씨대동보》에 정의공주에 대한 흥미로운 기록이 있는데 훈민정음 창제와 관련된 글이 남아 있어요. "세종이 우리말과 한자가 서로 통하지 못함을 딱하게 여겨 훈민정음을 만들었으나, 우리말의 고유 음과 변화를 다 끝내지 못하여 여러 대군에게 풀게 하였는데 모두 풀지 못하였다. 드디어 공주에게 내려 보내자 공주는 곧 풀어 바쳤다. 세종이 크게 칭찬하고 상으로 특별히 노비 수백을 하사하였다."

▶ 정의공주가 시집간 죽산 안씨 일가의 족보

차오르기 03

'세종대왕'에서 '세종'은 원래 이름이 아니고 임금이 돌아가신 뒤, 살아 있던 동안의 노력과 수고를 기리어 붙인 이름이에요. 그럼, 대왕은 무슨 뜻일까요?

도움말_ '대왕'은 큰 임금이라는 뜻이지요. 보통 임금과는 비교할 수 없을 만큼 업적을 많이 남긴 임금에게만 붙였어요. 영토를 넓게 개척한 고구려의 광개토대왕, 당나라에 맞서 삼국통일을 이룩한 신라의 문무대왕, 고구려보다 더 넓은 영토를 개척한 발해의 선왕 등이 있지요.

> 열심히 일해서 이룬 훌륭한 결과

차오르기 04

세종의 큰형이자 태종의 맏아들로 일찍이 임금 자리를 잇기로 되어 있었으나 행동거지가 그에 못 미친다고 여겨져 임금이 되지 못한 사람은 누구인가요?

도움말_ 양녕대군은 태종의 장남이자 세종의 큰형이에요. 세자로 책봉되어 명나라 사신으로 가서 탁월한 업무 능력을 보여 주었어요. 하지만 궁중 생활에 잘 적응하지 못해 법도에 어긋나는 행동을 많이 하다 폐위되었어요. 권력 싸움을 많이 하는 정치가 싫어 일부러 그랬다는 이야기도 있어요. 양녕대군은 평생 풍류를 즐기며 살았답니다.

차오르기 05

세종의 아버지와 어머니는 누구인가요?

도움말_ 이방원은 조선을 세운 태조 이성계의 다섯째 아들로 태어나 조선 3대 왕 태종이 되었어요. 조선 건국에 공을 많이 세웠으나 정도전 등과 갈등이 깊어지자 1차 왕자의 난을 일으켜 정권을 잡았어요.

차오르기 06

세종이 무척 아끼던 공주가 12세의 어린 나이에 세상을 떠났습니다. 이에 세종은 다음과 같은 제문까지 지으면서 슬퍼했습니다. 이 공주의 이름은 무엇인가요?

▶ 죽은 사람을 생각하면서 지은 글로 제사 지낼 때 읽음

"아비는 말하노라. 목숨이 길고 짧은 것은 운명이 정해져 있어 움직일 수 없는 일이지만, 아버지와 딸 사이의 지극한 정을 어찌할까. 슬프도다! 너의 손을 잡고 다닐 때 너의 행동은 효성스럽고 우애가 있었도다. 나이는 어렸지만 어른같이 훌륭하여 너를 아끼고 사랑하기를 더욱 두터이하였는데 어찌 하찮은 병에 걸려 좀 더 오래 살지 못하고 마침내 이러한 슬픔을 당한단 말이냐. 너의 고운 모습이 눈에 선하건만, 너의 영혼은 어디로 갔단 말이냐. 가슴을 치며 통곡하노라……."

① 정소 공주　　　　② 정의 공주　　　　③ 정미 공주

도움말_ 세종은 첫째 딸인 정소공주를 특히 아껴 직접 공부를 가르치기도 하였어요.

3단계 아우르기 퀴즈

아우르기 01

소설 《대지》를 쓴 펄 벅은 세종을 가리켜 "동양의 (   )"(이)라고 했습니다. 서양의 르네상스를 대표하는 천재 미술가·과학자·기술자·사상가인 이 사람은 누구일까요?

① 레오나르도 다빈치 ② 아인슈타인
③ 에디슨   ④ 스티븐 호킹

도움말_ 우리나라에서 산 적이 있는 펄 벅은 한글과 세종을 여러 번 극찬했어요. "한글은 24개 글자로 이루어진 세계에서 가장 단순한 문자 체계이지만 한글 자모음을 조합하면 어떤 언어 소리라도 표기할 수 있다. 세종은 한국의 레오나르도 다빈치이다." (펄 벅, 《살아 있는 갈대》(The Living Reed) 서문에서)

아우르기 02

유네스코에서 세계 문맹 퇴치에 공헌한 사람이나 단체에 주는 상은 무엇인가요?

① 안중근상   ② 이순신상
③ 세종대왕상 ④ 장영실상

도움말_ 1989년 우리 정부의 의견에 따라 유네스코에서 주관하여 1990년부터 문맹 퇴치에 공헌한 사람이나 단체에 주는 상의 이름은 세종대왕상입니다. 세종대왕상의 정식 이름은 '유네스코 세종대왕 문해상'입니다.

아우르기 03

세종은 태종 12년인 1412년에 대군이 되면서부터 이름이 바뀌었는데, 그 이름은 무엇이었을까요?

도움말_ 왕자라고 다 똑같이 부르는 것은 아니랍니다. **보통 후궁이 낳은 왕자는 '-군'으로 부르고 왕후가 낳은 왕자는 '-대군'으로 불렀어요.**

아우르기 04

다음 설명 중 세종이 왕위를 물려받은 이유가 아닌 것을 고르세요.

① 성품이 슬기롭고 자상했다.
② 책 읽기와 글공부를 좋아했다.
③ 태종 임금의 첫째 아들이다.

도움말_ 세종은 **태종 임금의 셋째 아들**이에요. 세종은 어려서부터 슬기롭고 자상했으며 책 읽기와 글공부를 좋아해서 셋째 아들이지만 왕위를 물려받았답니다.

다음 중 세종의 업적이 아닌 것을 고르세요.

① 집현전 학자들의 도움을 받아 우리나라 고유 문자인 한글을 반포하였다.
② 측우기, 해시계 같은 과학 기구를 발명하도록 하였다.
③ 국토를 넓혀서 조선 왕조의 기틀을 세웠다.
④ 백성에게 중국어 사용을 적극 권장하였다.

도움말_ 세종은 집현전 학자들의 도움을 받아 우리나라 고유 문자인 한글을 반포하고, 측우기, 해시계 같은 과학 기구를 발명하도록 했으며, 국토를 넓히는 등 임금으로 있는 32년 동안 조선 왕조의 기틀을 튼튼히 세웠습니다.

폴란드에는 한글을 만든 세종의 훌륭한 정신을 기리는 뜻에서 학교 이름을 '이것'으로 바꾼 학교도 있습니다. '이것'에 적절한 말을 고르세요.

① 훈민정음 고등학교
② 세종대왕 고등학교
③ 집현전 고등학교
④ 한글 고등학교

도움말_ 세종대왕 고등학교는 폴란드 바르샤바에 있어요. 원래는 바르샤바 19고등학교였는데 1998년부터 세종대왕의 탁월한 학문 업적과 정신을 교육이념으로 삼기 위해 학교 이름을 '세종대왕 고등학교'로 바꾸었답니다.

4단계 꽃피우기 퀴즈

세종의 이름은 '이도'인데, 어릴 때는 '막동', 성인이 되어서는 '원정'이라고 불렸습니다. 여러분이 세종의 부모님이라면 막 태어난 아기에게 어떤 한글 이름을 지어 주고 싶은가요? 또 그 이유는 무엇인가요?

길잡이_ 아기 세종에게 어울리는 한글 이름을 자유롭게 지어 보세요. 글자 수도 상관없어요. '황금독수리하늘을날며세상을놀라게하다'라는 한글 이름이 있다는 것을 알고 있나요? '김온누리빛모아사름한가하'라는 이름도 있어요. 온 세상의 꿈과 희망을 모아 싹을 틔운다는 뜻으로 지은 한글 이름이랍니다. 여러분 부모님께서 사랑을 담아 지어 주신 내 이름의 뜻은 무엇인지도 함께 알아보세요.

이름:

이유:

정답

1단계 숨고르기 01. ② 02. ③ 03. ③ 04. ② 05. ③ 06. ①

2단계 차오르기 01. 세조(수양대군) 02. 정의공주 03. 훌륭하고 뛰어난 임금을 높여 이르는 말 04. 양녕대군 05. 이방원(태종)-민씨(원경왕후) 06. ①

3단계 아우르기 01. ① 02. ③ 03. 충녕대군 04. ③ 05. ④ 06. ②

집중 탐구

세종 임금은 부인이 많았다고 하는데 사실인가요?
임금 가운데 제일 많았나요?

지금으로 보면 세종은 부인이 많았지요. 왕비 한 명에 후궁이 5명이나 되었으니까요. 그렇지만 조선시대 임금 중 가장 많은 것은 아니었답니다. 태종은 왕비 한 명과 후궁 10명을 두었고, 성종은 왕비 3명과 후궁 11명을 두었어요. 후궁을 가장 많이 거느린 왕은 연산군인데, 왕비 1명과 후궁 14명을 두었답니다.

여기서 중요한 것은 세종이 첫째 부인인 왕비를 가장 사랑했다는 점이에요. 그래서 세종은 "왕비는 타고난 마음씨가 부드럽고 아름다우며 마음가짐이 깊고 고요하다. 공손하고 부지런하게 스스로 잘 다스리니 진실로 왕비의 법도에 맞으며, 마음을 가다듬고 조심하여 서로 이루었으니 나라의 경사를 두텁게 하였다."(《세종실록》 14년 5월 11일)라고 했어요. 그래서 후궁을 더 들이라는 신하들의 요청을 여러 번 거절했답니다. 세종은 첫 번째 왕비(정비)와의 사이에서는 가장 많은 자녀를 둔 임금이랍니다.

세종에게 묻다?

어린 시절 거문고를 잘 탔다는데 사실인가요?

악공만큼 잘 타지는 못했지만 무척 좋아했단다. 큰형님인 양녕대군께도 가르쳐 줄 정도였으니까 말이야.

왕자 시절에 아픈데도 책을 많이 읽으셔서 아버지 태종께서 책을 거의 감추고 《구소수간》이란 책만 남겨 두었다면서요?

책을 마음껏 볼 수 없어 아쉬웠지만 아버지 말씀을 꼭 따라야 했으니 묵묵히 있었지. 그래도 책 한 권이 남아 있어 얼마나 행복했는지 몰라. 그 책을 백 번도 넘게 읽었을 거야.

둘째 마당

인재를 키우는 교육

학문의 기본은 탐구력, 곧 묻고 따지는 태도에 있다는 것을 세종의 탐구력에서 알 수 있어요. 1436년, 제주도 안무사 최해산이 제주도의 한 노인이 용 다섯 마리가 승천하는 모습을 보았다는 보고를 다급하게 올렸어요. 세종은 오히려 차분하게 십여 가지 질문을 던졌습니다.

> 전쟁이나 반란 후에 백성을 돌보기 위해 파견된 특사

"용의 크고 작음과 모양과 빛깔은 물론 형체를 분명히 살펴보았는가? 용의 전체를 보았는가, 머리나 꼬리를 보았는가, 다만 그 허리만 보았는가? 용이 승천할 때 구름 기운과 천둥과 번개가 있었는가? 용이 처음에 뛰쳐나온 곳이 물속인가, 수풀 사이인가, 들판인가? 하늘로 올라간 곳이 인가에서 거리가 얼마나 떨어졌는가? 구경하던 사람이 있던 곳과는 거리가 몇 리나 되는가? 용 한 마리가 빙빙 돈 시간이 오래인가, 잠시인가? 같은 시간에 용을 본 사람의 이름은 무엇인가? 용이 이처럼 하늘로 올라간 적이 그 전후에 또 있었는가? 용을 본 시간과 장소는 어디인가?"

언제나 이렇게 묻고 또 물으며 공부했고 학구열이 매우 높았기에 이를 바탕으로 여러 업적을 남길 수 있었던 거예요.

지금의 시각으로 보면 세종은 언어학자였어요. 한글을 창제한 일은 언어학이 바탕이 되지 않았다면 불가능한 일이었어요. 세종은 또한 융합학자였어요. 다양한 학문을 깊이 이해하여 통합하고 이용했거든요. 언어학과 천문학, 음악, 과학, 수학 등 여러 학문을 연계하여 훈민정음을 창제하게 되었지요.

이렇게 세종은 스스로 공부하기를 게을리하지 않았을 뿐 아니라 학자들을 높이 대하고 학문 수준을 높이고자 학문 기반을 제도로 마련했어요.

세종 시대를 빛낸 인재는 여러 분야에 무척 많아요. 특히 정인지처럼 음악, 언어, 과학 등 여러 분야에서 빛을 낸 융합형 인재도 한둘이 아니에요. 노비 출신인 장영실도 있지요. 이들이 있었기에 세종은 나라를 다스린 32년간 의료, 음악, 국방, 과학 등 여러 분야에서 업적을 이루었고 다양한 학문을 당대 최고 수준으로 끌어올렸어요.

세종의 인재 양성 방법은 크게 네 가지예요. 첫째는 기본 교육, 둘째는 기관과 제도를 통한 인재 양성, 셋째는 인재들의 연구를 장려하고 선진 학문을 배우게 하는 해외 파견, 마지막으로 공동 연구나 협동 작업을 활용한 재능 발휘의 극대화예요. 세종은 인재 양성이야말로 국가 발전의 바탕이라고 생각해서 다양한 정책을 적극 실천했어요.

세종 때 이르러 각종 학교 제도가 크게 정비되었고, 평민 이상이면 누구나 학교에 들어갈 수 있는 길이 열렸어요. 더욱이 책을 좋아하고 책의 가치와 중요성을 잘 알았던 세종은 《용비어천가》 같은 책을 펴내 신하들에게 직접 나눠 주었고, 백성이 쉽게 책을 볼 수 있도록 훈민정음을 만들었어요.

　세종은 핵심 연구소이자 자문 기관인 집현전에서 인재들이 마음껏 연구하고 능력을 펼칠 수 있게 했어요. 집현전은 임금에게 유교 책인 경서와 사서를 강의하고 토론하고, 세자를 교육하기도 하고 도서의 수집·보관·이용 등 학문과 관련한 업무를 담당하는 곳이었어요. 훈민정음을 반포하기 위한 《훈민정음》 해례본 집필에 참여한 정인지, 최항, 박팽년, 신숙주, 성삼문, 이개, 이선로(강희안은 이후에 집현전 학사가 됨)는 모두 집현전 학사였어요. 물론 훈민정음 반포를 반대한 최만리, 신석조, 김문, 정창손, 하위지, 송처검, 조근 등도 집현전 학사였지요. 나랏일을 논의하는 임금의 경연과 왕세자의 학문 수업인 서연도 집현전에서 했으니 그 당시 집현전이 얼마나 중요한 역할을 했는지 알 수 있겠죠.
　세종은 사가독서제를 실시했어요. 사가독서제는 집현전 학사들을 대상으로 하여 업무에서 벗어나 오로지 독서와 연구만 할 수 있는 특별 휴가 제도였지요.

　인재를 양성하려고 세종이 시행한 또 하나의 정책은 인재를 명나라로 유학을 보내 선진 학문을 배워 오게 하는 것이었어요. 세종은 남양 부사 윤사웅, 부평 부사 최천구, 동래 관노 장영실을 중국으로 유학 보냈어요. 이때 세종은 노비 출신 장영실에 대한 사대부들의 따가운 눈초리를 염두에 둔 듯 공개적으로,

"영실은 비록 지위가 천하나 재주가 민첩한 것은 따를 자가 없다. 너희가 중국에 들어가서 각종 천문 기계의 모양을 모두 눈에 익혀 와서 빨리 만들어라."

라고 일렀어요.

또 그들에게 중국의 각종 책과 과학 관련 기관, 기구 등의 도면을 그려 오게 했어요. 세종의 이러한 노력이 있었기에 1430년대에 온갖 과학 기구가 발명되고 과학의 르네상스 시대가 열릴 수 있었어요.

1단계 숨고르기 퀴즈

숨고르기 01

제주도에 사는 한 노인이 용 다섯 마리를 보았다는 보고를 받은 세종은 어떤 지시를 내렸을까요?

① 그 노인을 잡아들여라.
② 어찌 그런 일이 있단 말이냐. 요망한 말을 한 그 노인에게 곤장을 쳐라.
③ 내가 여러 가지 질문을 할 것이니 확인해 보거라.
④ 그 노인에게 용에 대해 직접 물어봐야겠으니 궁궐로 불러들여라.

도움말_ 세종은 마치 과학자처럼 **열 가지 질문을 차분하게** 던졌답니다. (길잡이 참조)

숨고르기 02

노비 출신으로 세종 시대 과학을 꽃피운 과학 기술자는 누구인가요?

① 장영실   ② 이순지   ③ 김담

도움말_ 장영실은 부산의 관노비였으나 재주가 비상해 태종에게 발탁되었어요. 세종은 **장영실의 재능을 더욱 높이 평가하여 종3품 벼슬까지** 주었어요. 다음은 세종이 장영실에 대해 한 말이에요.

"장영실은 그 아비가 본래 원나라 사람이고 어미는 기생이었는데, 섬세한 솜씨가 보통 사람보다 뛰어나므로 태종께서 보호하시었고, 나 역시 이를 아낀다. 임인·계묘년 무렵에 상의원 별좌를 시키고자 하여 이조판서 허조와 병조판서 조말생에게 의논하였더니, 허조는 '기생 소생을 상의원에 임용할 수 없다.'라고 하고, 조말생은 '이런 무리는 상의원에 더욱 적합하다.'고 하여 두 의논이 일치하지 아니하므로, 내가 굳이 하지 못하였다가 그 뒤 다시 대신들에게 의논한즉, 유정현 등이 '상의원에 임명할 수 있다.'고 하기에 내가 그대로 따라서 별좌에 임명하였다."

숨고르기 03

다음 중에서 세종 때 집현전을 설치했던 곳은 어디인가요?

① 경복궁 수정전　　② 덕수궁 석조전　　③ 경복궁 근정전

도움말_ 집현전은 학문을 연구하며 왕에게 주요 정책을 자문하고 건의하던 기관으로, 한글 연구를 했던 곳이에요. 세종은 1420년에 고려 때부터 내려오던 집현전을 확장해 학문과 문화 연구 기관으로 삼았답니다. 현재 경복궁 수정전이 세종 때 집현전으로 쓰던 건물인데요. 임진왜란으로 불에 타 없어졌다가 고종 때 다시 지으면서 건물 이름을 수정전으로 바꾸었죠.

숨고르기 04

'사가독서제(賜暇讀書制)'는 무슨 제도일까요?

① 집이나 절에서 따로 공부하게 하는 제도
② 독서왕을 뽑는 제도
③ 독서 경시 대회

도움말_ 사가독서제는 학자를 양성하기 위해 1424년(세종 6년) 집현전 학사 가운데 젊고 재주가 있는 사람을 골라 집에서 학문 연구에 전념하게 한 데서 비롯했어요. 세종은 사가독서제 대상으로 처음 뽑힌 집현전의 권채, 신석견, 남수문 등을 불러 "지금부터는 궁에 출근하지 말고 집에서 온 힘을 다해 글을 읽어 성과를 나타내서 내 뜻에 맞게 하고, 글 읽는 규범에 대해서는 변계량의 지도를 받도록 하라."고 했어요.

숨고르기 05

세종의 인재 양성 방식이 아닌 것은 어느 것인가요?

① 기본 교육을 중요하게 하였다.
② 기관과 제도를 통한 인재를 양성하였다.
③ 인재들의 연구를 장려하고 선진 학문을 배워오게 하였다.
④ 협동 연구를 통해서 재능 발휘를 이끌었다.
⑤ 양반 출신 인재를 우대하였다.

도움말_ 세종은 신분에 관계없이 재주가 뛰어난 인재는 그 재주를 마음껏 발휘하게 하였어요.

숨고르기 06

세종 시대를 빛낸 다음 인물은 누구일까요?

이 사람은 온양에 다니러 오갈 때 각 고을의 관가에 들르지 않고 늘 간소하게 행차를 차렸으며, 더러는 소를 타기도 하였다. 양성과 진위 두 고을 원이 그가 내려온다는 소식을 듣고 장호원에서 기다리는데, 수령들이 있는 앞으로 소를 타고 지나가는 사람이 있었다. 수령이 하인으로 하여금 불러 꾸짖게 하니, 공이 하인더러 "너는 가서 온양에 사는 맹고불(孟古佛)이라 일러라." 하였다. 하인이 돌아와 고했더니 두 고을 원이 놀라서 달아나다가 언덕 밑 깊은 못에 도장[印]을 떨어뜨렸다. 후대의 사람들이 그곳을 인침연(印沈淵)이라 하였다. (《연려실기술》 제3권)

① 맹사성　　　　② 정도전　　　　③ 이순신

도움말_ 맹사성은 세종이 무척 아낀 사람으로 시문에 능하고 음악에 밝았으며 최초의 연시조인 〈강호사시가〉를 지었어요. 고려 말부터 여러 벼슬을 거쳐 세종 때 이조판서로 예문관 대제학을 겸하였고 우의정에 올랐습니다.

(예문관: 임금의 명령을 대신하던 기관)
(대제학: 정2품 벼슬)

2단계 차오르기 퀴즈

세종은 유교 교육을 활발히 시키기 위하여 서울 4곳에 교육 기관(4부학당제)을 세웠으며, 왕족인 종친을 교육하려고 관청을 따로 세웠어요. 세종 때 왕족 자제를 교육한 두 글자로 된 이 관청은 무엇일까요?

도움말_ 고려시대에도 종친 교육 기관이 있었으나 종친만을 위한 독립된 기관은 없었어요. 종학은 왕족의 교육을 맡아보던 조선시대의 관아입니다.

세종은 '천한 관기 소생을 이 기관에 임용할 수 없다.'는 반대가 있는데도 장영실을 이 기관의 별좌에 임명하였어요. 장영실이 궁중 기술자로 활약하다가 중국에 유학하여 각종 천문·과학·기술을 배우고 익힌 뒤 우리나라로 돌아온 이후의 일이었지요.
왕의 의복과 궁중에서 사용하는 물품을 담당하던 이 기관의 이름은 무엇인지 가운데 글자만 채워 보세요. 옷을 뜻하는 글자랍니다.

상( )원

도움말_ '상의원'은 조선시대 임금과 왕비의 옷을 만들고 궁중 안의 보물과 귀한 도장 등을 맡아보던 관청이에요.

차오르기 03

세종이 왕실의 안녕을 기원하려고 궁궐 안에 세운 불당으로, 관료와 유학자들이 없애자는 의견을 끊임없이 제기한 이 건물은 무엇인가요?

도움말_ 내불당은 1448년(세종 30년) 경복궁 안에 세운 불당이에요. 태조 때부터 불교를 배척했기에 세종도 처음에는 불교 억누르기 정책을 펼치다가 한글을 보급하기 위해 부처님의 말씀을 적은 불경을 한글로 번역해 펴내는 등 불교를 포용하는 정책을 펴게 되지요. 세종은 말년에 유생들의 반대를 물리치고 궁정 안에 불당까지 짓습니다.

차오르기 04

세종은 1418년 8월 11일 근정전에서 즉위하였어요. 그로부터 두 달도 되지 않은 10월 7일 처음으로 열린 경연에서 세종은 "○○ 제도를 설치하여 선비를 뽑는 것은 참다운 인재를 얻으려 함인데, 어떻게 하면 선비로 하여금 겉만 번지르르한 버릇을 버리게 할 수 있을까?"라고 물었어요. 조선시대 인재를 뽑는 이 제도는 무엇일까요?

① 입시　　　② 과거　　　③ 추천

▶ 즉위: 예식을 치른 후 임금 자리에 오름

▶ 경연: 신하들과 함께하는 정치 토론

도움말_ 과거 제도는 고려 광종 때인 958년에 시작되어 조선시대에 관리를 선발하고 인재를 뽑는 제도로 자리 잡았어요. 조선시대는 학문을 높이 여기는 유교 사회였기에 과거 시험에 합격해 관리로 임용되는 것이 양반들에게 최고의 길이었답니다.

세종은 1443년 한글을 창제한 뒤 널리 알리기 위한 연구를 시작했어요. 1445년에는 이 두 사람을 중국 요동 땅에 와 있던 언어학자 황찬에게 보내 중국 발음에 대해 묻습니다. 요동까지 다녀와 《훈민정음》 해례본을 쓰는 데 참여한 두 사람은 누구일까요?

도움말_ 신숙주와 성삼문은 훈민정음 해설서인 《훈민정음》 해례본을 세종과 함께 지었어요. 정인지, 최항, 박팽년, 이개, 이선로, 강희안도 함께 했어요.

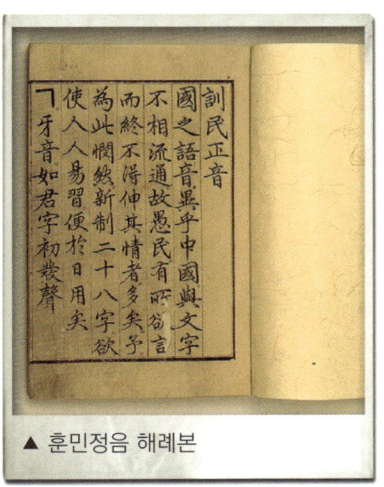

▲ 훈민정음 해례본

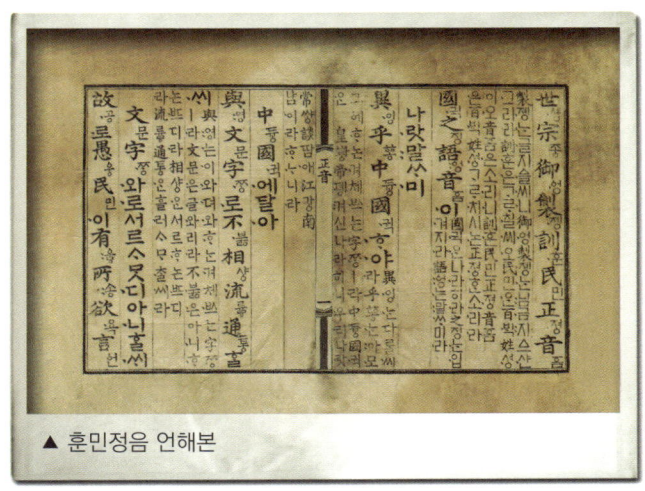

▲ 훈민정음 언해본

둘째 마당 인재를 키우는 교육 • 31

3단계 아우르기 퀴즈

아우르기 01

박문영이 작사·작곡한 노래 '한국을 빛낸 100명의 위인들' 3절 가사예요. 이름이 뚜렷하게 드러난 세종 시대 인물을 찾아보세요.

> 황금을 보기를 돌같이 하라 최영 장군의 말씀 받들자
> 황희 정승 맹사성 과학 장영실 신숙주와 한명회 역사는 안다
> 십만 양병 이율곡 주리 이퇴계 신사임당 오죽헌
> 잘 싸운다 곽재우 조헌 김시민 나라 구한 이순신
> 태정태세문단세 사육신과 생육신 몸 바쳐서 논개 행주치마 권율
> 역사는 흐른다

도움말_ 황희, 맹사성, 장영실, 신숙주는 세종 시대에 활동한 인물입니다.

아우르기 02

집현전은 세종이 전국에 있는 젊고 유능한 인재들을 불러 모아 조선의 학문을 크게 일으키고자 한 대표적 학문 연구 기관이에요. 다음 중 집현전 학사가 아닌 사람을 고르세요.

① 신숙주 ② 강희안 ③ 정인지 ④ 이황 ⑤ 성삼문

도움말_ 이황(1501~1570)은 훈민정음 반포 이후에 태어나신 분이에요. 훈민정음 해례본 저술로 반포를 도운 사람은 모두 8명이에요. 신숙주, 강희안, 정인지, 성삼문, 최항, 박팽년, 이개, 이선로 등이 있어요.

아우르기 03

다음은 세종이 임금이 되던 해 이지강이라는 신하와 함께 《대학연의(大學衍義)》라는 책을 공부하면서 나눈 대화입니다. 괄호에 들어갈 알맞은 말은 무엇일까요?

이지강: 임금의 학문은 (　　)을/를 바르게 하는 것이 바탕이 되옵니다. (　　)이/가 바른 연후에야 모든 관리가 바르게 되고, 모든 관리가 바른 다음에야 모든 백성이 바르게 되는데, (　　)을/를 바르게 하는 요지는 오로지 이 책(《대학연의》)에 있습니다.

세　종: 그렇다. 경서(《대학연의》)를 글귀로만 풀이하는 것은 학문에 도움이 없으니, 경의 말대로 반드시 (　　)의 공부가 있어야만 유익할 것이다.

① 마음　　　　　② 체력　　　　　③ 참고서

도움말_ 《대학연의》는 중국 송나라의 진덕수가 펴낸 책인데 **나라를 다스리는 임금의 마음 자세가 매우 중요하다는 내용을** 담고 있어요.

아우르기 04

다음 내용이 맞으면 ○, 틀리면 × 하세요.

세종은 양반 출신만 명나라에 유학을 보냈다.

도움말_ 장영실은 **노비 출신이지만** 1421년(세종 3년) 남양 부사 윤사웅, 부평 부사 최천구와 함께 관비 유학생으로 **중국 유학을 다녀왔어요.**

아우르기 05

청백리 중 세종 시대 사람이 아닌 사람은 누구인가요?

① 최만리　　　② 맹사성　　　③ 정몽주

도움말_ 청백리는 성품과 행실이 올바르고 무엇을 탐하는 마음이 없는 관리예요. 정몽주는 고려시대 청백리랍니다.

아우르기 06

세종은 인재를 기르기 위해 학교 제도를 크게 바로잡았어요. 다음 괄호에 알맞은 신분은 무엇일까요?

> 인재 양성의 가장 기본이 되는 길은 교육이고, 이러한 교육의 바탕은 책이며, 책의 바탕은 문자입니다. 세종 때 이르러 각종 학교(성균관, 향교, 학당) 제도가 크게 정비되었고, (　　) 이상이라면 누구나 학교에 들어갈 수 있는 길이 열렸어요.

① 양반　　　② 중인　　　③ 평민　　　④ 노비

도움말_ 조선시대의 서당(초등 교육 기관), 서원(고등 교육 기관)은 사립학교였고 주로 지방에 있던 향교와 서울에 있던 학당은 공립학교였어요. 세종은 공립학교를 바로잡아 많은 인재가 공부할 수 있게 했지요.

4단계 꽃피우기 퀴즈

세종은 집현전 학자들에게 휴가를 주어 독서에만 전념토록 하는 '사가독서제'를 시행하였어요. 여러분이 최근에 집에서 읽은 책은 무엇인가요? 여러분에게 사가독서의 기회가 주어진다면 집중 탐구하고 싶은 한 권의 책을 골라 질문해 보세요.

길잡이_ 책을 읽은 뒤 내용에 대해 묻고 또 묻는 세종식 '또물또 독서법'을 해 보세요. '만약'이라는 질문을 더하면 상상력이 커져요. 만약 주인공이 나라면? 만약 내가 작가라면? 만약 시대 배경이 조선시대라면? 만약 마법의 구두가 있다면? 등 재미있는 질문이 아주 많겠지요? 내용이 비슷한 다른 책과 비교하면서 읽는 것도 좋은 방법이에요.

정답

1단계 숨고르기 01. ③ 02. ① 03. ① 04. ① 05. ⑤ 06. ①
2단계 차오르기 01. 종학 02. 의 03. 내불당 04. ② 05. 신숙주, 성삼문
3단계 아우르기 01. 황희, 맹사성, 장영실, 신숙주 02. ④ 03. ① 04. X 05. ③ 06. ③

세종은 얼마나 부지런했을까요?

　일찍이 가까운 신하들에게 말하기를, "내가 궁중에 있으면서 손을 거두고 한가롭게 앉아 있을 때는 없다." 하셨다. 이러하시기 때문에 유명한 선인이 남긴 책(경서)에 널리 통하시었고, 심지어는 중국에 관한 외교 문서까지 보지 않은 것이 없었다. 가까운 신하들에게 말하기를, "내가 책을 본 뒤에는 잊어버리는 것은 없었다." 하시었으니, 그 총명하심과 학문을 좋아하시는 것은 천성이 그러하셨던 것이다.

(중략)

　임금이 특히 서적만 한 번 보고 문득 기억하시는 것만이 아니다. 무릇 수많은 신하의 이름 · 경력 · 가계도 등을 비록 미세한 것이라도 한 번 들으면 잊지 않으셨으며, 한 번 그 얼굴을 보면 비록 여러 해를 만나지 못했더라도 다시 볼 때에 반드시 아무라고 이름을 부르셨다. 사물의 정밀하고, 간략하고, 아름답고, 추악한 것에 이르러서도 한 번 눈에 접하시면 반드시 그 판단의 잣대를 정밀히 분별하셨고, 말소리(성음)의 청탁과 높낮이도 한 번 귀에 들어가면 그 윤리를 깊게 살피시었으니, 그 총명과 예지가 이와 같으시었다.

▶ 맑고 흐림

《세종실록》 세종 5년 12월 23일

세종에게 묻다?

수많은 인재 가운데 가장 기억에 남는 인재는 누구였나요? 노비였던 장영실의 재주를 어떻게 알아보았나요?

너희가 벌써 내 마음을 꿰뚫어 보고 있구나. 모든 인재가 다 내 백성이요, 우리 겨레를 빛냈으니 어느 누구를 더 아끼겠느냐. 그렇지만 그래도 장영실이 제일 먼저 떠오르는구나.

그가 아니었으면 빛나는 과학과 그에 따른 편리한 생활이 어려웠을 거야.

장영실의 재주를 먼저 알아본 것은 아버지 태종이셨느니라. 부산의 관노비였던 장영실이 재주가 많다는 소문을 듣고 경복궁으로 불러들이셨지. 나는 그를 더욱 크게 썼을 뿐이야.

둘째 마당 인재를 키우는 교육 · 37

셋째 마당
조화로운 나라를 위한 정치

　세종은 정치 분야에서 자신을 반대하는 이들까지도 재능을 살리는 통 큰 정치를 했어요. 영조와 정조가 서로 다른 가치관을 가진 정치인을 아우르는 탕평 정치로 유명한데, 그 바탕은 세종이 일궈 놓은 거지요. 세종은 자신이 왕세자가 되는 것을 반대한 황희를 신하로 삼는 등 균형 있는 리더십을 발휘하기도 했어요. 더욱이 여러 정책에 크게 반대하거나 이의 제기를 잘했던 허조, 최만리 같은 신하와도 함께 했고 김문처럼 직접 벌주었던 신하에게도 나중에는 큰일을 맡겼어요. 세종은 대부분 토론으로 해결하려고 했어요.

　세종 시대에는 정치 문제로 사형한 정치가가 한 명도 없었어요. 이를 당연하게 생각할 수 있지만 숙종처럼 제법 정치를 잘한 왕도 끊임없이 신하들 편 가르기를 이용한 '판세 뒤집기 정책'을 하는 바람에 희생자가 많았어요. 세종 시대에 그런 일은 한 건도 없었어요. 통치 후기에 '내불당 사건'으로 신하들과 큰 갈등을 겪은 것이 유일한 오점이지만, 훗날 사관들은 이 일에 대해 "느지막하게 벌어진 불교 사건으로 세종의 흠을 말하는 사람이 있겠으나, 한 번도 부처에게 향을 올리거나 절한 적은 없고, 처음부터 끝까지 올바르게만 하였다."라고 했어요.

　세종은 명나라, 일본 등 다른 나라와 외교를 잘했을 뿐만 아니라 나라도 잘 다스렸어요. '4군 6진' 같은 국토도 정비했지만, 그 과정에서 다른 민족을 많이 받아들였답니다. 그들이 귀화하면 평화롭게 살 수 있도록 도와줌으로써 평화로운 세상을 이루었어요.

▶ 여진족을 물리치고 설치한 군사 지역

　세종은 복지 정책부터 국방 정책까지 단계별로 시행하여 합리적인 발전을 꾀했어요. 이를테면 가장 먼저 단군 사당을 정비해 정신을 바로잡아 나라의 구심점을 만들고, 그것을 바탕으로 해서 다음 정치를 하는 식이에요. 백성의 건강을 위한 질병과 의학을 최우선으로 하여 정책을 펼치고, 그 다음에 먹고 사는 농업 정책을 펴고 그 다음에는 나라를 안정되게 하는 국방 정책 등을 한 단계 한 단계 계단식으로 올라가는 정치를 폈어요.

　세종은 나라와 백성을 위하는 민본주의의 꿈을 현실로 만들었어요. 하층민을 배려하여 물시계, 해시계, 측우기 등으로 과학 기술을 발전시켜 농업과 일상생활에서도 과학이 빛을 발하게 했어요. 세종은 의료, 복지, 교육 분야에서도 백성을 위한 정책을 펼침으로써 전 세계에서도 유례를 찾아볼 수 없는 태평성대를 열었지요.

　그렇다고 그 모든 것을 세종 혼자서 했다는 얘기는 아니에요. 역사가 세종을 만들었고 세종은 그 역사를 다시 썼을 뿐이에요. 하지만 아무나 역사를 쓰는 것은 아니에요. 세종이 임금으로서, 학자로서, 음악가로서 소통과 화합의 리더십을 발휘했기에 가능한 일이었지요.

1단계 숨고르기 퀴즈

숨고르기 01

다음과 같은 일화로 유명한 세종 시대 명재상은 누구인가요?

집의 하녀 둘이 싸우다가 ○○ 정승에게 와서 하소연하였다. 한 하녀가 자신의 억울한 사정을 이야기하자 ○○ 정승이 말하였다. "네 말이 옳구나." 그러자 다른 하녀가 자기가 옳다고 주장하였다. "네 말도 옳다." ○○ 정승이 말하였다. 그 광경을 보고 있던 부인이 말했다. "두 사람이 서로 반대로 이야기하는데 둘이 다 옳다고 하시면 어떻게 합니까? 한 사람은 틀려야지요." 그러자 ○○ 정승은 말했다. "당신 말도 옳소."

도움말_ 황희는 원칙과 소신을 지키면서도 다른 사람의 입장에 서서 생각할 줄 아는 인물이었지요.

숨고르기 02

다음은 정치하는 세종의 마음이 잘 나와 있는 글이에요. 괄호에 들어갈 단어를 쓰세요. (힌트: 'ㅂㅅ'으로 시작하고 오늘날 '국민'과 비슷한 말입니다.)

( )은 나라의 근본이니, 근본이 튼튼해야만 나라가 평안하게 된다.

도움말_ "백성은 나라의 근본이니, 근본이 튼튼해야만 나라가 평안하게 된다. 내가 덕이 부족한 사람으로서 외람되이 만백성을 다스리는 이가 되었으니, 오직 이 백성을 기르고 자애롭게 대하는 방법만이 마음속에 간절하여, 백성에게 친근한 관원을 신중히 선택하고 내보내는 법을 거듭 단속하였는데도, 오히려 듣고 보는 바가 미치지 못함이 있을까 염려된다." 《세종실록》 세종 5년 7월 3일)

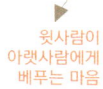

▶ 윗사람이 아랫사람에게 베푸는 마음

숨고르기 03

다음 일화를 잘 읽고 괄호에 들어갈 동물의 이름을 고르세요.

하루는 어느 신하가 세종에게 말했습니다.
"전하, 백성에게 (　)을/를 바치게 하여 궁중에서 기르는 것이 어떻겠습니까?"
"(　)은/는 잡기 어려워 백성이 고생할 것이다."
"하지만 전하께서 세금을 덜어 주셨으니 그쯤은 괜찮을 것입니다."
"그렇지 않다. (　)은/는 날마다 꿩 한 마리씩 먹어야 하고, 길들이기도 힘든 짐승이야. 기르다가 달아나기라도 하면 백성의 집에 들어가 수색을 할 텐데, 그건 백성을 괴롭히는 일이야."
세종은 신하의 건의를 받아들이지 않았답니다.

① 독수리　　　　② 꿩　　　　③ 보라매

도움말_ 보라매는 태어난 지 1년이 안 된 매예요.

숨고르기 04

다음 세종의 일화를 잘 읽고 괄호에 들어갈 말을 적으세요.
(힌트: 반대말은 '풍년'입니다.)

여러 해 거듭되는 (　　)(으)로 먹을 것이 떨어졌는데도, 관가에서는 빌려 간 곡식을 갚으라고만 하니 백성의 고통이 심하다. 가난하여 꾸어 간 곡식을 갚지 못하는 경우에는 억지로 받아 내지 마라. 내가 깊은 궁궐에 있으므로 백성의 일을 다 알 수 없으니, 만일 절실하게 도움이 필요한 백성이 있으면 마땅히 모두 아뢰라. (《세종실록》 세종 3년 1월 3일)

도움말_ 농작물이 잘되지 않아 굶주리게 된 해를 흉년이라고 해요.

숨고르기 05

> 윗사람에게 옳지 못한 일을 고치도록 하는 말

허조라는 신하는 "우리 임금은 간언하면 행하시고 말하면 들어주셨다."라고 세종에 대한 말을 남겼어요. 허조의 말을 참고하여 세종의 성격을 이해했을 때 세종이 한 일로 보기 어려운 것을 한 가지 고르세요.

① 경연 등 어전회의에서 신하들의 말을 잘 들음으로써 상대의 마음을 샀다.
② 백성을 '나라의 근본'으로 존중했다.
③ 신하의 말을 잘 들어줌으로써 신하들은 국가 일에는 소홀하고 자기주장을 펼치는 데 집중했다.

도움말_ 세종은 조정 신하들의 마음을 움직여 그들이 혼신을 다해 국가 일을 하도록 했어요.

숨고르기 06

다음에서 탁신이 종일토록 하고 싶어한 것은 무엇인가요?

경연에 나아가니 탁신(卓愼)이 아뢰기를, "근래에 경연관(경연을 이끄는 이)이 서로 차례를 정해 나누어 나와서 발표하는데, 모두 다른 사무를 맡다 보니 많은 글의 깊은 뜻을 자세히 발표할 여가가 없어, 나와서 발표할 즈음에 상세히 다하지 못하게 되옵니다. 원컨대 지금부터는 나와서 발표한 후에는 경연청에 물러가서 종일토록 (   )하도록 하소서." 하니, 임금이 그 말을 따르고, 또 점심밥을 주도록 명하였다. (《세종실록》 세종 즉위년 12월 17일)

도움말_ 세종 시대에는 **세종과 신하 모두 토론을 하면서 주요 정치를 해 나갔어요.**

2단계 차오르기 퀴즈

차오르기 01

세조 때 집필을 시작하여 성종 때 완성된 법전이에요. 조선 통치의 최고 기준이 되었으며, 훈민정음을 과거 시험 과목(국가 정책 문자)으로 규정하기도 한 이 법전은 무엇일까요?

도움말_ 1454년, 세조가 즉위한 직후 양성지는 법제 정비의 필요성을 주장하였고 2년 후에는 오랫동안 변하지 않는 종합 법전의 편찬을 건의하였습니다. **경국대전**은 정치, 사회, 경제, 문화 등을 정해진 법에 따라 다스릴 수 있도록 만들어졌어요.

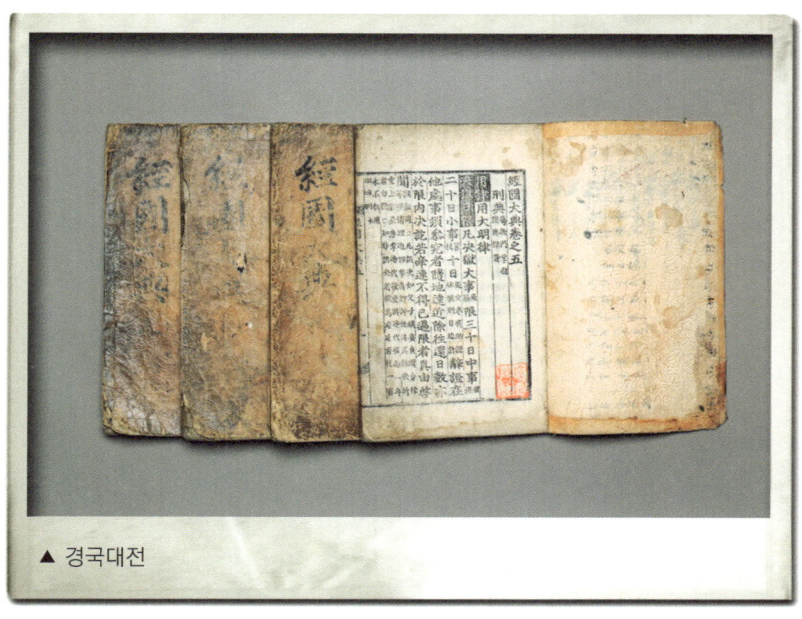

▲ 경국대전

셋째 마당 조화로운 나라를 위한 정치 · 43

《훈민정음》 해례본 저술의 8대 공신으로 외국어에 능했고 《동국정운》·《사성통고》 등 운서 편찬을 주도적으로 한 사람은 누구일까요?

▶ 한자 발음에 관한 책

도움말_ 신숙주(1417~1475)는 이두는 물론 중국어·일본어·몽골어·여진어에 능통하여 세종 때 훈민정음의 반포와 발전에 공헌했고, 《동국정운》·《사성통고》 등 운서 편찬에서 주도적으로 활약했어요.

▶ 한자의 소리와 뜻을 이용해서 우리말을 적는 것

종3품 관직 ◀

세종의 신임을 받은 문신 겸 학자로 집현전 학사를 거쳐 집현전 직제학이 되었고, 세종 말년에는 이조판서에 오르기도 하였어요. 《고려사》, 《용비어천가》 편찬에도 참여한 이 사람은 누구일까요?

도움말_ 정인지(1396~1478)는 《훈민정음》 해례본 저술의 8대 공신으로 훈민정음 간행 연구의 신하 대표예요. 정인지가 남긴 서문은 당대 최고의 명문장입니다. 《용비어천가》의 서문을 쓰기도 했어요.

◀ 책을 찍어서 펴냄

1450년에 주조한 구리 활자인 '경오자'가 이 사람의 글씨를 바탕으로 제작될 만큼 명필이었어요. '세종대왕영릉신도비' 글씨도 쓴 이 사람은 누구일까요?

도움말_ 안평대군은 세종의 셋째 아들로 서예와 시·그림·가야금 등에 능하고 특히 글씨에 뛰어나 당대 명필로 꼽혔어요.

세종 때 편찬된 책으로 임금이 정치를 잘하라고 펴낸 책 이름은 무엇일까요?

① 치평요람　　② 동의보감　　③ 대동여지도

도움말_ 《치평요람》은 우리나라와 중국의 역대 사적 가운데 정치의 귀감이 될 사실을 모아 펴낸 책이에요. 《동의보감》은 광해군 때 허준이 지은 의학서이고, 《대동여지도》는 철종 때 김정호가 만든 역사상 가장 오래된 지도예요.

3단계 아우르기 퀴즈

세종 때 현판을 바꾼 경복궁 남쪽의 정문으로, '왕의 큰 덕이 온 나라를 비춘다.'는 의미가 있는 이 문은 무엇인가요?

도움말_ 1395년(태조 4년) 9월 광화문이 창건될 때 정도전이 정문이라고 했으나 1425년 세종의 명으로 광화문으로 이름을 바꾸었어요.

다음은 세종의 하루를 정리한 자료예요. 첫소리 글자를 힌트로 삼아 괄호에 알맞은 단어를 쓰세요.

5:00	기상
6:00	궁궐의 어른들께 아침 인사
7:00	아침 식사
8:00	아침 공부. 신하들과 책을 읽고 토론
9:00	조회. 신하들에게서 현재 하고 있는 일을 보고받음
11:00	각 행정 부서의 대신들과 나랏일을 의논
1:00	점심 식사
2:00	낮 공부
3:00	(ㅅㅅㅁ)을 읽으며 신하들에게 해야 할 일을 지시
5:00	궁궐 안에서 자는 당번 관리와 경호 군인을 확인
6:00	저녁 공부. 신하들과 책을 읽고 토론
7:00	저녁 식사
8:00	궁의 어른들께 저녁 인사
9:00	혼자 하고 싶은 공부
11:00	잠자리

도움말_ 세종은 백성이 올린 상소문을 꼼꼼히 읽었어요.

아우르기 03

세종 때 역사를 기록한 책으로 무려 163권으로 되어 있어요. 세종이 죽은 뒤 나온 이 책의 이름은 무엇일까요?

도움말_ 《세종실록》은 조선 4대 왕 세종이 재위하는 동안의 역사를 기록한 책이에요. 조선시대 왕들의 실록과 함께 국보 제151호로 지정되었답니다. 《세종실록》은 세종이 나라를 다스린 32년간의 중요 사실과 평가 등을 낱낱이 기록했어요. 날마다 임금 곁에서 사관이 기록했다가 그것을 모아서 펴낸 책이에요.

아우르기 04

▶ 외국에 보내는 사신 가운데 기록을 맡아보던 임시 벼슬

1443년(세종 25년) 조선통신사의 서장관으로 일본에 다녀온 신숙주가 성종의 명을 받아 일본의 정치·외교·사회·풍속·지리 등을 종합해 정리하고 기록한 책으로 조선 대일 정책의 기초가 된 이 책은 무엇인가요? 앞의 두 글자를 채워 보세요. 우리나라 동쪽 바다를 뜻하는 말을 거꾸로 말한 것과 같아요.

○○제국기

도움말_ 신숙주는 훈민정음이 창제되던 1443년(세종 25년)에 일본에 서장관으로 가 있었어요. 《해동제국기》는 1471년(성종 2년)에 신숙주가 일본의 땅 모양과 나라 정세, 서로 오고간 역사, 사신 관대 예절에 대한 각종 규정을 성종의 명으로 기록한 책이에요.

세종은 1422년 1월 17일 도성을 쌓는 공사를 보고 받고 다음과 같이 말했어요. 괄호에 한 글자로 된 낱말을 쓰세요.

"도성을 보수하고 쌓은 뒤 혹시 (   ) 한 개라도 무너져 떨어지는 것이 있으면, 즉시 그 방면의 감독관으로 하여금 보수하게 하고 나서 관련자 모두에게 죄를 내릴 것이다."

도움말_ 세종은 돌 하나가 얼마나 중요한 구실을 하는지 알았어요. 돌 하나는 도성 전체에서 아주 작은 일부이지만 도성이 제대로 기능을 하느냐 안 하느냐를 결정하는 핵심 바탕이었기 때문이에요.

▲ 서울성곽

4단계 꽃피우기 퀴즈

집현전은 '어질고 현명한 사람을 모으는 집'이라는 뜻이에요. 이곳에서의 많은 토론과 연구는 나라를 다스리는 바탕이 되었지요. 여러분 주위에 어질고 현명하다고 생각되는 사람은 누구인가요? 그렇게 생각하는 이유나 사건은 무엇인가요?

길잡이_ 지식만 많은 것이 아니라 지혜로운 사람을 '어질다'고 하지요. 주변에 있는 어진 사람들의 말이나 행동을 살펴보면, 배울 점이 많을 거예요.

정답

1단계 숨고르기   01. 황희 02. 백성 03. ③ 04. 흉년 05. ③ 06. 토론
2단계 차오르기   01. 경국대전 02. 신숙주 03. 정인지 04. 안평대군 05. ①
3단계 아우르기   01. 광화문 02. 상소문 03. 세종실록 04. 해동 05. 돌

백성을 위해 한글을 만드는 것은 좋은 일인데 몇몇 학자는 왜 반대했나요?

1444년 2월 20일 최만리를 비롯하여 신석조, 김문, 정창손, 하위지, 송처검, 조근이 언문(훈민정음)을 반대하는 상소문을 올렸어요.

첫째, 훈민정음 반포는 중국을 떠받드는 사대주의에 어긋나며 오랑캐나 하는 일이라 보았습니다. 하지만 세종도 중국을 부정한 것은 아니었습니다.

둘째, 훈민정음이 학문을 정진하는 데 오히려 손해가 된다고 여겼습니다. 이에 대해 세종은 언문(훈민정음)이 학문을 위해 만든 것이 아니며 백성이 편안하게 쓰는 것이 더 중요하다고 강조했습니다.

셋째, 억울한 죄인이 생기는 까닭은 문자를 몰라서가 아니라 죄인을 다루는 관리가 공평하지 못한 탓이라 했습니다. 이에 세종은 백성이 훈민정음을 깨우치면 관리의 억울한 처우를 백성 스스로 밝힐 수 있어 죄인이 줄어들 것이라고 했습니다.

이렇듯 세종은 반대 상소문을 올린 신하들을 설득한 뒤 더욱더 철저히 훈민정음 반포를 준비했어요. 더욱이 이러한 반대 상소가 한 건뿐이었던 사실로 보아 오히려 사대부 양반 대부분이 훈민정음 반포를 반대하지 않았다는 사실을 알 수 있지요.

세종에게 묻다?

대왕께서는 훈민정음이 반포된 뒤 수양대군에게 석가의 일대기를 엮은 《석보상절》을 훈민정음으로 편찬하게 하였지요.
가장 중요한 편찬 동기는 무엇이었나요?

　소헌왕후가 훈민정음 반포를 보지 못하고 죽었느니라. 내가 왕이 되었을 때 아버지 태종의 외척 척결 정책에 따라 왕비의 아버지, 곧 내 장인이신 심온 대감이 처형되는 것을 막아낼 수 없었노라.
　이런 온갖 정치 풍파를 이겨 낸 왕후가 죽어 무척 슬펐고 그의 명복을 빌기 위하여 《석보상절》을 짓게 한 것이니라.
　그리고 왕비가 애타게 기다리던 훈민정음이 왕비가 죽고 나서야 반포돼 훈민정음으로 《석보상절》을 짓게 했지.

▶ 왕비의 가족·친척을 쫓아냄

셋째 마당 조화로운 나라를 위한 정치 · 51

미래의 뿌리가 된 역사

세종은 1418년에 임금 자리에 올랐지만 태종이 죽은 1422년까지는 태종의 영향 아래 정치를 할 수밖에 없었어요. 그렇지만 세종은 이 기간에 중요한 나라의 기반을 마련하는 데 힘썼어요. 그 가운데 대표적인 것이 '역사 바로 세우기'예요. 1418년 2월 25일 세종은 한 경연 자리에서

> "《고려사》를 보니 공민왕 때부터의 역사 기록은 정도전이 들은 것에 많이 의존하다 보니 어떤 것은 더 쓰고, 어떤 것은 줄여서 역사 기록을 맡은 사관의 처음 원고와 같지 않은 곳이 매우 많으니, 어찌 뒷세상에 기쁘게 전할 수 있으랴. 차라리 이런 역사책은 없는 것만 같지 못하니라."

라고 말하고, 역사 바로 세우기에 본격적으로 나섰어요. 고려 공민왕 이하의 역사 기록이 정도전 등 나라를 세우는 데 공이 많은 사람으로 말미암아 왜곡되어 실제 기록과 다름을 알고 바로잡고자 한 것이지요. 그리하여 1419년 9월 20일 세종은 유관, 변계량 등에게 《고려사》를 고쳐 쓰라고 지시했어요.

세종이 정치적 관점에서만 역사 바로 세우기를 한 것은 아니에요. 세종은

《고려사》에서 천재지변과 지진 등 자연 변화의 흐름이 기록되어 있지 않은 것을 지적하고 여러 역사 기록을 참고로 그대로 싣도록 했어요. 세종은 1424년(세종 6년) 11월 4일에 말하길,

"내가 일찍이 《삼국사략》을 보니, 신라에 일식이 있었는데 백제에서는 쓰지 않았고, 백제에 일식이 있었는데 신라에서는 쓰지 아니하였다. 어찌 신라에는 일식이 있었는데, 백제에는 일식이 없었다 하겠는가. 아마도 사관의 기록이 자세한 것과 간략한 것이 다르기 때문인가 한다."

▶ 달이 태양의 일부나 전부를 가린 현상

라고 했어요. 세종은 자연 현상까지도 매우 중요하게 생각해 객관적으로 역사를 기록하는 것을 강조한 거지요. 《조선왕조실록》에 보면 날씨나 지진 같은 큰 변화에 대한 기록이 매우 많은 것을 알 수 있는데, 이는 역사를 전체적으로 보려는 세종의 역사관을 반영한 것이라고 볼 수 있어요.

　세종은 29세 때인 1425년(세종 7년) 9월에는 평양에 단군 사당을 세우게 하는 등 역사의 뿌리 찾기에도 관심을 기울였어요. 역사 바로 세우기는 이후에도 줄곧 이어지는데 이는 세종이 역사를 두려워하고 제대로 알리려고 했기에 가능했지요. 세종은 역사서 정리와 역사 공부를 철저히 했어요. 1427년(세종 9년) 8월 21일 세종은 단군과 기자의 묘에 대한 제도를 다시 의논하고 신라, 고구려, 백제 시조의 묘를 세워 제사 지내는 일을 모두 옛날 제도를 참고하여 상세하게 정하여 아뢰라고 하였어요. 세종의 이러한 철저한 역사관은 역사에 대한 통찰력과 역사적 사실, 지식을 백성과 더불어 자신도 삶의 등대로 삼고자 한 것이랍니다.

1단계 숨고르기 퀴즈

숨고르기 01

세종은 역사 바로 세우기에 힘썼어요. 다음 중 조선 이전의 나라 가운데 '고'자로 시작하는 나라의 순서가 바르게 된 것은 어느 것인가요?

① 고려→고조선→고려→조선
② 고조선→고구려→고려→조선
③ 고구려→고려→고구려→조선

도움말_ 고조선은 기원전 2333년~기원전 108년, 고구려는 기원전 37년~기원후 668년, 고려는 918년~1392년에 있었던 나라예요.

숨고르기 02

다음 임금이 나라를 다스린 순서대로 나열하세요.

태조, 세종, 태종, 정종, 문종

도움말_ 태조는 조선을 건국한 1대 왕이에요. 정종은 2대 왕이며, 태종은 3대 왕으로 세종의 아버지고요. 세종은 4대 왕이고 문종은 세종의 첫째 아들로 5대 왕입니다.

숨고르기 03

다음은 세종이 한 말입니다. 해가 달에 가려지는 현상으로, 괄호에 들어갈 말은 무엇인가요?

내가 일찍이 《삼국사략》을 보니, 신라에 (   )이/가 있었는데 백제에서는 쓰지 않았고, 백제에 (   )이/가 있었는데 신라에서는 쓰지 아니하였다. 어찌 신라에는 (   )이/가 있는데 백제에는 (   )이/가 없었다 하겠는가. 아마도 사관의 기록이 자세한 것과 간략한 것이 다르기 때문인가 한다.

도움말_ 일식은 달이 해의 전부 또는 일부를 가리는 현상, 곧 '해가리기'입니다. 이 말은 《세종실록》 1424년 11월 4일자에 나옵니다.

숨고르기 04

세종 때 해당하는 역사적 사건이 아닌 것은 무엇인가요?

① 4군 6진을 개척하여 국경을 넓혔다.
② 훈민정음을 반포해 모든 백성이 글을 알기 쉽게 쓰도록 하였다.
③ 조선을 건국하여 문화 부흥기를 맞이하였다.

도움말_ 조선은 1392년 세종의 할아버지인 태조 이성계가 건국하였어요.

숨고르기 05

세종이 임금이 되던 1418년부터 올바른 역사를 세우기 위해 고쳐 쓰라고 한 뒤 통치가 끝날 때까지 다시 쓰기를 거듭한 책은 무엇일까요?

도움말_ 태조 이성계의 지시로 조준·정도전·정총 등이 처음 썼으나 세종 때 고쳐 쓰기를 거듭하다 1451년(문종 원년) 8월 김종서 등이 인물 중심의 《고려사》를 완성했고, 1454년(단종 2년)에 간행되었어요.

숨고르기 06

세종 때 김종서 등이 왕명을 받아 편년체 형식으로 펴내 1452년(문종 2년)에 간행했어요. 《고려사》와 함께 고려시대를 이해하는 중요한 자료로 꼽히는 이 책은 무엇일까요?

▲ 시간의 흐름에 따라 이야기를 씀

도움말_ 《고려사절요》는 고려시대의 역사를 날짜별로 엮은 역사책이에요. 《고려사》에 없는 사실이 많이 실려 있고 《고려사》에서 빠진 연대가 밝혀져 있는 것도 있어 고려시대 역사서로 그 가치가 크답니다.

2단계 차오르기 퀴즈

1434년(세종 16년) 설순 등이 왕명을 받아 우리나라와 중국의 책 가운데 널리 모범이 될 만한 충신·효자·열녀의 행실을 모아 그림과 함께 만든 도덕책의 제목은 무엇인가요?

도움말_ 1428년 경상도 진주에 사는 김화가 아버지를 살해한 사건에 대하여 사람이 지켜야 할 도리에 어긋난 죄로 엄벌하자는 주장이 논의되었어요. 이때 세종이 엄벌하기에 앞서 세상에 효행 풍습을 널리 알릴 수 있는 책을 출판해 백성에게 항상 읽게 하는 것이 좋겠다는 의미로 《삼강행실도》를 만들었답니다.

부모를 잘 모시는 행동

▲ 삼강행실도

차오르기 02

1444년(세종 26년) 이순지, 김담 등이 한양을 기준으로 삼아 우리나라의 실정에 맞게 펴낸 과학책은 무엇일까요?

도움말_ 《칠정산》은 1444년(세종 26년) 이순지와 김담이 우리나라 역대의 역법을 정리한 것에 원나라와 명나라, 아라비아의 역법을 참고하여 만든 것으로 내편과 외편으로 되어 있어요.

▸ 시간 달력에 대한 책

차오르기 03

다음은 누구에 관한 설명일까요?

정희: 이분은 문학가이자 무인이자 학자였어. 오늘날로 보면 융합형 인재였지.
지영: 인재는 무슨 인재야. 조카를 죽이고 왕위에 오른 나쁜 사람이야.
소영: 인물을 평가할 때 한 면만 보면 안 돼.
지영: 무슨 소리를 그렇게 하니? 내가 한 면만 보았다는 거니? 진실을 말했을 뿐이야.
정희: 너희 토론하는 거니, 싸우는 거니? 이분이 훈민정음의 보급·발전에 크게 이바지한 것은 분명하잖아. 훈민정음 언해본을 펴내기도 했고 말이야.

도움말_ 수양대군은 세종의 명에 따라 한글로 《석보상절》이란 책을 썼어요. 왕위에 있으면서 '간경도감'이라는 기관에서 아주 많은 불경을 한글로 번역해 펴냈고요. 《훈민정음》 언해도 1459년(세조 5년)에 《월인석보》라는 불경 언해서 앞에 실어 펴냈어요.

차오르기 04

1432년(세종 14년) 맹사성, 윤회 등이 주도하여 만든 조선 최초의 지리지예요. 전국의 역사와 지리 특징을 종합한 지리서로 현재 전해지지 않는 이 책의 이름을 '신찬○○지리지' 또는 '○○지리지'라고 하는데 여덟 개의 도를 뜻하는 ○○에 들어갈 말을 쓰세요.

도움말_ '신찬팔도지리지'는 나라에서 조세와 공물을 거두는 데 참고하려고 만들었지요. 오늘날 《경상도지리지》라는 이름으로 전하고 있고, 《팔도지리지》는 출판되지 않은 듯하며 현재 전하지도 않는답니다.

차오르기 05

《제가역상집》에 대해 옳게 설명한 것을 고르세요.

① 우리 풍토에 적합한 천문 책으로 일식 같은 천지의 움직임을 정확하게 계산해 낸 책
② 세종의 명을 받아 동양 과학을 총정리한 책
③ 우리나라 최초의 표준음에 관한 책
④ 우리나라와 중국의 역사 가운데 본보기가 될 사실을 편찬한 책
⑤ 조선 후기 정약용이 홍역 치료에 대하여 저술한 책

도움말_ 《제가역상집》은 이순지가 세종의 명에 따라 천문·역법·의상(천체 기구)·구루(해시계, 물시계)에 관한 동양의 여러 논의를 정리한 책이에요.

3단계 아우르기 퀴즈

아우르기 01

세종은 1425년(세종 7년) 9월 25일 평양에 (　　) 사당을 세우게 하는 등 역사의 뿌리 세우기에도 관심을 기울였어요. 우리 겨레의 시조이기도 한 이분의 이름은 무엇일까요?

도움말_ '조선'이라는 나라 이름은 단군이 다스리던 '고조선'에서 따온 것이에요. 세종은 역사를 열심히 배우고 익혔을 뿐만 아니라 역사에 부끄럽지 않도록 역사를 늘 거울로 삼았어요.

아우르기 02

조선 초기에는 한국의 지세(지형)에 맞는 전술을 개발하고 역대 전쟁사를 정리한 병서가 여러 권 편찬되었어요. 그중 하나인 이 책은 수양대군이 세종의 명을 받아 펴낸 전쟁 역사서예요. 1453년(단종 1년)에 간행된 이 책은 무엇일까요?

① 삼국지　　　　② 역대병요　　　　③ 사서

도움말_ 1450년(세종 32년) 세종이 정인지 등에게 시켜서 역대의 전쟁과 그것에 대한 기존 학자들의 평을 모으도록 하고 친히 《역대병요》라는 책 이름을 붙였어요. 그 뒤 1451년(문종 1년) 문종이 김구·김말·김담·서거정 외에 6명에게 내용을 보완하도록 하였지요.

아우르기 03

국제 천문연맹은 1997년 10월 16일, 일본의 와타나베 가즈오가 1996년 8월 18일에 발견한 소행성 〈1996QV1〉의 별 이름을 천문학에 아주 많은 공로로 남긴 이분의 이름을 따서 지었습니다. 별 이름은 무엇일까요?

도움말_ 정식 국제 명칭은 '(7365)Sejong = 1996QV1'입니다. 국제연맹은 천문학에 아주 많은 공헌이 있는 세종(1397~1450)의 600돌을 기념하여 그의 이름을 붙였지요. 세종은 1437년에 조선의 서울에 궁중 천문대를 건설하였는데, 이 천문대에는 천체 관측용 기기가 완비되어 있었고 또한 자동물시계도 갖추고 있었어요.

아우르기 04

《조선왕조실록》에 대해 맞으면 ○, 틀리면 × 하세요.

① 《조선왕조실록》은 왕이 죽은 뒤 편찬했다.
② 《조선왕조실록》은 누구나 볼 수 있었다.
③ 《조선왕조실록》은 궁궐에만 보관했다.

도움말_ 《조선왕조실록》은 왕이 죽은 뒤 편찬했는데 왕도 함부로 볼 수 없었어요. 왕이 자기 기록을 본다면 좋은 것만 남기고 나쁜 것은 기록하지 못하게 할 수 있었기 때문이에요. 《조선왕조실록》은 화재와 같은 사고를 대비해 전국에 나누어 보관하였어요.

세종의 셋째 아들 안평대군이 꿈을 꾼 무릉도원 얘기를 듣고 안견이 그린 그림의 이름은 무엇인가요?

① 몽유도원도　　　　　　② 사군자

도움말_ 몽유도원도는 그림만으로는 38.7cm×106.5cm이지만 찬시(찬양하는 시)와 발문(내용을 소개하거나 의미를 적은 글)을 합치면 20m가 넘는 대작이에요. 회화뿐 아니라 역사적으로도 아주 중요한 우리나라 문화재이지만 현재 일본 덴리대학교에 소장되어 있어요.

세종은 《조선왕조실록》을 보관하는 사고(국가의 중요한 서적을 보관하던 곳)가 춘추관, 충주 두 곳이던 것을 성주, (　　)에 추가로 설치하게 하였어요. 그 덕분에 임진왜란 중 (　　)에 보관하고 있던 실록이 전쟁의 화를 입지 않아 오늘날 조선 전기의 실록이 전해질 수 있었지요. 비빔밥으로도 유명한 이 도시는 어디일까요?

① 공주　　　　　　　　　② 전주

도움말_ 임진왜란으로 왜적들이 금산 지방까지 밀려오자 전주 사고에 있던 실록의 안전을 걱정한 선비 안의와 손홍록은 태조부터 명종까지 13대에 걸친 실록 804권과 태조 영정을 정읍에 있는 내장산으로 옮기고 이듬해 7월 조선 정부에 인계할 때까지 14개월 동안 밤낮으로 지켜 냅니다. 춘추관, 충주, 성주에 있던 실록은 임진왜란 때 모두 불에 타서 없어졌어요.

4단계 꽃피우기 퀴즈

《조선왕조실록》은 태조부터 철종까지 472년 동안(1392~1863), 25대에 걸친 왕들의 일기 같은 것이지요. 하지만 왕이 직접 쓴 것이 아니라 사실을 기록하는 사관들이 적었어요.
여러분이 사관이 되어 12간지로 나눈 시간대별로 가족이나 친구들이 한 말, 사건을 써 보세요.

길잡이_ 내가 한 일이 아닌 다른 사람의 말과 행동을 살펴보세요. 그날 뉴스에 나온 사건, 날씨, 가족의 행동 등을 쓰다 보면, 내가 살아가고 있는 곳의 상황에 더욱 관심을 가지게 될 거예요.

자시 (23~1시):

축시 (1~3시):

인시 (3~5시):

묘시 (5~7시):

진시 (7~9시):

사시 (9~11시):

오시 (11~13시):

미시 (13~15시):

신시 (15~17시):

유시 (17~19시):

술시 (19~21시):

해시 (21~23시):

정답

1단계 숨고르기 01. ② 02. 태조→정종→태종→세종→문종 03. 일식 04. ③ 05. 고려사 06. 고려사절요

2단계 차오르기 01. 삼강행실도 02. 칠정산(=칠정산내·외편) 03. 수양대군(세조 또는 이유) 04. 팔도 05. ②

3단계 아우르기 01. 단군 02. ② 03. 세종별 04. ① ○, ② ×, ③ × 05. ① 06. ②

집중 탐구

세종시대 10대 사건

1420년 (24세, 세종 2)	궁중에 '집현전' 설치
1426년 (30세, 세종 8)	관노비 출산 휴가 제도 개선(100일 더 줌)
1427년 (31세, 세종 9)	'편경' 제작
1429년 (33세, 세종 11)	《농사직설》 편찬
1433년 (37세, 세종 15)	천체 관측 기구 '혼천의' 제작, '자격루' 제작
1434년 (38세, 세종 16)	금속활자 '갑인자' 제작, 해시계 '앙부일구' 제작, 물시계 '자격루' 설치
1437년 (41세, 세종 19)	6진 개척
1441년 (45세, 세종 23)	'측우기' 제작, '양수표' 제작·설치
1445년 (49세, 세종 27)	《용비어천가》 지음
1446년 (50세, 세종 28)	《훈민정음》 반포
1447년 (51세, 세종 29)	《동국정운》 편찬·간행

세종에게 묻다?

왜 역사가 중요한가요?

《고려사》를 보니 공민왕 때부터의 역사 기록은 특정 인물이 들은 바에 의존하다 보니 어떤 것은 더 쓰고 어떤 것은 줄이고 하여, 역사 기록을 맡은 사관들의 처음 원고와 같지 않은 곳이 많으니 어찌 뒷세상에 기쁘게 전할 수 있으랴. 이런 역사책은 없는 것만 같지 못하니라.

 역사책에 굳이 지진이나 일식 같은 자연 현상을 기록할 필요가 있나요?

어찌 사람의 일만 역사라더냐. 자연의 변화는 바로 천지 우주의 흐름이고 그것이 곧 우리의 삶 아니더냐. 사관은 모든 것을 기록하여 후손이 자연의 변화에 슬기롭게 대처하게 해야 하느니라.

희망을 일구는 농사와 경제

세종이 임금이 된 그 다음 해인 1419년(세종 1년)에 흉년이 들고 자연 재해가 끊이질 않았어요. 세종은 굶어 죽는 백성을 보고 그들을 제대로 구제하지 못하는 현실이 가슴 아파 식량을 맡아 보던 관아인 호조에 창고를 열어 굶주린 백성을 구제하게 했어요.

백성이 먹고사는 문제는 임금이 해결해야 할 가장 중요한 일이에요. 그래서 세종은 농업 문제에 관심을 갖게 되었고, 농사를 어떻게 하면 잘 지어 곡식을 많이 거둬들일지 고민과 연구를 거듭했지요. 세종은 농사를 잘 지으려면 농사 지식이 많이 필요하고 그런 지식을 담은 책이 필요하다고 판단했어요.

세종이 우리식 농사 책을 펴내기 전까지는 우리 농사 상황에 맞는 책이 없었어요. 그래서 우리나라 기후, 흙과 맞지 않는 중국의 농사 책을 보며 농사를 지을 수밖에 없었어요. 이밖에 여러 사정으로 우리나라 농업 생산량은 낮았어요. 세종은 우리나라 지역별 특성에 맞는 농사 책을 펴내 농업 생산량을 높여 굶주리는 백성이 없게 하려고 했어요. 1429년(세종 11년) 5월 세종은 정초 등을 시켜 우리 식 농사 책인 《농사직설》을 완성하게 했어요. 이 책은 태종 때 시작되었지만 체계적인 책 형태는 세종 때 완성되었어요.

1437년에는 세종이 각 도 감사에게 명하여 《농사직설》 등을 활용해 농사짓는 법을 백성에게 적극 권장하게 한 기록이 실록에 남아 있어요. 《농사직설》의 효과가 크게 없음을 걱정하여, 책을 더 찍어서 각 고을의 수령들에게 나눠 주어 농민을 깨우치고 가르쳐 책을 따라 시험해 보여서 풍속을 만들도록 하라는 것이었어요.

> "어리석은 백성이 스스로 할 힘이 부족하거나 하고 싶어하지 않으면 강제로 시킬 것이 아니라 적당하게 권하기를 게을리하지 않아서 점차로 흥행하도록 하라."

고 하였지요.

이러한 농업 문제는 토지 세금과 직접 연관되어 있어요. 1428년 세종은 토지세 개혁에 본격적으로 나섰어요. 세종은 관리의 부정으로 농민에게 심각한 피해를 주는 논밭 세금 제도를 개혁하기 위해 1430년 3월부터 8월까지 여론 조사를 했어요. 전국에서 17만 2천여 명이 응답했는데, 9만 8,657명이 찬성, 7만 4,149명이 반대했어요. 찬성 쪽이 많았지만 반대쪽 의견도 적지 않아 이 제도를 쉽게 시행할 수 없었어요. 그래서 세종은 1436년 5월 22일 황희 등을 불러서 다시 공법을 의논하게 하였어요. 철저한 검증 작업을 거쳐 1443년(세종 25년) 11월 2일, 드디어 호조에 공법을 실시할 방도를 묻고 이를 온 백성에게 알리라고 했어요. 세종은 이렇게 법을 진행한 뒤에는 단호하게 집행했어요.

▶토지에 대한 세금을 고정적으로 내도록 함

1단계 숨고르기 퀴즈

숨고르기 01

다음 이야기에서 세종이 거름을 나른 도구는 무엇일까요?
(힌트: 'ㄸㅈㄱ'로 시작해요)

세종은 경복궁 후원에 밭을 만들어 보리를 심고 (   )(으)로 거름을 나르며 작물의 생육을 관찰하였을 뿐 아니라 김포의 유명한 농민을 불러 직접 배우기도 하였다.

도움말_ 옛날의 임금은 시골 곳곳까지 다니며 백성을 살피기가 쉽지 않았어요. 백성이 배부르게 먹고사는 문제를 해결하기 위해 온 힘을 쏟은 세종은 농사도 알고 백성의 어려움도 알고 싶어 경복궁 안에서 직접 농사를 지었지요.

숨고르기 02

다음은 세종이 지시하여 정초라는 사람이 쓴 《농사직설》 첫머리 글입니다. 괄호에 들어가는 두 글자 낱말은 무엇일까요?

(   )은/는 천하의 큰 근본이다. …… 사방의 풍토가 같지 아니하여 곡식을 심고 가꾸는 법이 각기 적절한 때가 있어 옛 글과 다 같을 수 없다. 그래서 여러 도의 감사에게 명하여 시골의 나이 든 농부들을 방문해 이미 시험한 농토의 증험에 따라 갖추어 아뢰게 하셨다. 또 신 정초와 변효문과 더불어 그 중복된 것을 버리고 요긴한 것만 뽑아서 찬집하여 한 편을 만들고 제목을 《농사직설》이라고 하였다.

▶ 모아서 편집함   ▶ 실제로 경험함

도움말_ 《농사직설》은 우리 땅과 기후에 맞는 농사 기술을 정리한 책이에요.

숨고르기 03

세종이 처음 실시한 땅 세금 걷기 여론 조사에 대한 설명으로 옳지 않은 것을 고르세요.

① 전세는 논밭에 부과하는 세금이다.
② 세종은 백성에게 부담을 주는 이전의 땅 세금 걷기 제도를 개혁하려고 여론 조사를 하였다.
③ 1430년에 실시한 여론 조사에는 전국 17만여 명의 관원과 백성이 참여해 제대로 결론을 낼 수 있었다.

도움말_ 1430년(세종 12년) 세종은 '공법'이라는 새로운 세법을 시행하기 위해 정부 관리와 지방 관리는 물론이고 백성에게까지도 일일이 찬성·반대를 묻는 조사를 하라고 지시했어요. 전국에서 관원과 백성 17만여 명이 참여하였으나 제대로 결론을 내지 못했어요.

숨고르기 04

세종은 1430년에 각 도의 감사에게 물로 움직이는 수차인 '이것'을 이용해 농사를 짓도록 했어요. 냇가 등에 물길을 만들어 그곳으로 떨어지는 물의 힘을 이용하여 바퀴를 돌려 곡식을 찧는 방아입니다. 네 글자로 된 이 수차 이름은 무엇일까요?

도움말_ 쏟아지는 물이 나무 바퀴를 돌리면, 그 힘으로 공이가 절구 모양의 우묵한 돌 속의 곡식을 찧도록 되어 있어요.

숨고르기 05

다음 두 학생 중 세종이 백성을 대할 때의 태도와 비슷하게 생각하는 학생을 고르세요.

정희: 백성에게 책임감을 가르쳐야 하니 가난한 백성에게 빌려 준 곡식도 일정 기간이 지나면 반드시 갚도록 해야 해.

지영: 책임감도 중요하지만 계속 흉년이 들어 고생하는 백성에게 곡식을 갚도록 할 수 없어. 가난해서 곡식을 빌려 간 백성에게는 억지로 받아내지 말아야 해.

도움말_ 세종은 언제나 백성을 먼저 생각했어요. 나라에서 빌려 준 곡식이라도 가난해서 빌려 간 백성에게는 억지로 받아내지 말아야 한다고 했지요.

숨고르기 06

세종은 생활에서 필요한 각종 길이, 면적, 무게 등을 재는 표준을 마련하였어요. 이를 '도량형'이라고 하는데 이것이 의미하는 바를 서로 올바르게 연결해 보세요.

도 •　　　　　　　　• 부피
량 •　　　　　　　　• 무게
형 •　　　　　　　　• 길이

도움말_ '도'는 길이나 길이를 재기 위한 자, '양'은 부피나 되, '형'은 무게나 저울을 말해요.

2단계 차오르기 퀴즈

차오르기 01

세종이 새로 만든 세금 제도에 관한 설명에 맞는 단어를 〈보기〉에서 찾아 넣으세요.

보기 연분 9등법, 전분 6등법

① 땅이 기름지고 거친 정도에 따라 6등급으로 나눠 공평하게 세금을 매겼다.

② 한 해 농사가 잘되고 못 되는 정도를 따져 세금을 깎아 주던 것을 9등급으로 나눠 등급에 따라 세금을 법으로 정했다.

도움말_ 전분 6등법에서 '전(田)'은 밭이나 논을 뜻하는 한자예요. 곧 이 제도는 땅의 품질을 따지는 것이죠. '연분 9등법'에서 '연(年)'은 한 해를 뜻하는 한자인데 이 제도는 한 해 동안 농사의 풍년·흉년을 따지는 것이에요.

차오르기 02

1428년(세종 10년) 무렵 서울을 한성부라 불렀답니다. 이때의 인구는 대략 몇 명이었을까요?

① 10만여 명   ② 100만 여명   ③ 500만 여명   ④ 1000만 여명

도움말_ 당시 한성부의 인구는 10만 3328명이었어요.

차오르기 03

1429년(세종 11년) 변효문, 정초 등이 세종의 명을 받아 편찬한 농서로 농부들의 의견을 수렴해 우리나라의 풍토에 따른 농법을 소개한 이 책은 무엇일까요?

도움말_ 농업 기술을 개량해 농업 생산성을 높이려면 농사 관련 지식을 정리하고 보급하는 일이 중요했어요. 이를 위해 제작된 것이 《농사직설》이지요.

차오르기 04

이것은 세종 시기 만들어진 조선 최초의 동전으로 중국 당나라의 개원통보를 본떠 만들었어요. 이것은 무엇일까요?

① 해동통보 ② 상평통보 ③ 조선통보

도움말_ 조선통보는 세종 때 만든 동전이에요. 15세기에 유통 경제가 활발해지자, 정부는 지폐인 종이 돈의 원활한 유통을 위해 동전을 만들어 함께 쓰기로 했답니다. 1423년(세종 5년) 당나라의 개원통보 체제를 본떠 조선통보를 만들 것을 결정했으나, 필요한 수량을 만드는 데는 상당한 시일이 걸렸어요. 해동통보는 고려시대의 동전, 상평통보는 조선시대 숙종 때 제작된 동전이에요.

다음 중 조선시대 때 가격이 가장 비싸게 거래되었던 순서대로 쓰세요.

(쌀 한 가마니 , 말, 노비)

도움말_ 조선시대에는 노비도 물건처럼 거래되었습니다. 《태조실록 (태조 7년 6월 18일자)》을 보면 '노비 가격은 대부분 150필을 넘지 않는데 말의 가격은 400~500필에 달합니다. 이는 가축을 중히 여기고 사람을 가벼이 여기는 것이니 이치에 맞지 않습니다' 라는 기록이 있습니다.

다음 내용이 맞으면 ○, 틀리면 × 하세요.

1433년(세종 15년) 북방 지역을 개척하기 위하여 추진한 이민 정책은 사민 정책이다.

도움말_ 땅을 넓혀도 사람이 살지 않으면 아무 소용이 없으니 남쪽 사람들에게 많은 특혜를 주어 북방 지역에 옮겨 살게 했어요.

아우르기 퀴즈

아우르기 01

다음 중 조선시대의 가게에 대한 설명이 틀린 것은 무엇일까요?

① 대장간 – 낫이나 호미 등 농기구를 만드는 곳
② 방물가게 – 거울, 가락지, 노리개 등을 파는 가게
③ 포목전 – 포도를 파는 가게
④ 어물전 – 생선을 파는 가게

도움말_ 포목전은 베나 무명 따위의 옷감을 파는 가게예요.

아우르기 02

세종이 살던 시대에 재배한 먹거리는 무엇일까요?

① 쌀   ② 고추   ③ 고구마   ④ 감자

도움말_ 쌀은 고대부터 우리나라에서 재배되어 우리의 주식으로 자리잡았어요. 3000년 전 청동기 시대의 '탄 쌀'이 1977년에 경기도 여주군 흔암리에서 발굴되었답니다. 고추, 고구마, 감자는 1592년 임진왜란 이후 우리나라에 들어왔다고 해요. 세종은 1450년까지 사셨으니 당시 장터에서 이것들을 볼 수는 없었겠지요?

아우르기 03

세종은 1430년 전국 17만 2806명을 대상으로 여론 조사를 하고 17년간 토론한 끝에 조선 왕조의 '이것'을 개혁했어요. '이것'은 무엇일까요?

도움말_ 조선의 국가 재정은 주로 조세 수입으로 마련했어요. 조세 수입은 논밭에서 걷는 '전세', 노동력으로 대신하는 '역', 토산물로 내는 '공납'이 기본이었지요.

아우르기 04

다음 내용이 맞으면 ○, 틀리면 × 하세요.

조선시대 하급 관리 선발 시험 중 문서의 기록과 관리를 맡아 보는 '서리'를 선발하기 위해 시행된 시험은 '취재'이다.

도움말_ 서리는 조선시대에 중앙 관아에 속하여 문서의 기록과 관리를 맡아 보던 하급 구실아치예요.

▶ 벼슬아치 밑에서 일을 보던 사람

아우르기 05

다음 내용이 맞으면 ○, 틀리면 × 하세요.

1430년 전국 17만 2806명에게 여론 조사를 했고, 17년간 토론한 뒤 조선 왕조의 신분 제도를 개혁했다.

도움말_ 신분 제도가 아니라 조세 제도를 개혁했어요.

아우르기 06

1423년(세종 5년), 자연 재해로 굶주리던 백성이 여기저기 떠돌아다니는 일이 많았어요. 이해 1월 충청도에서는 농사에 실패한 고을 사람들이 구걸하려고 다른 지방으로 떠돌아다니는 것을 막기 위해 고을마다 경계를 세워 막자고 건의했어요. 세종은 어떻게 했을까요?

① 신하들 말대로 살던 곳으로 돌려보내도록 했다.
② 떠돌아다니는 자라도 돌려보내지 말고 그곳에서 먼저 구제하라고 했다.

도움말_ 현직 관리들은 당장 굶어죽는 백성보다는 행정 처리를 더 중요하게 여겼어요. 그러나 세종은 경계를 세우기 전에 먼저 그들을 보살핀 뒤 떠돌아다니지 못하게 하고, 이미 떠돌아다니는 자라도 돌려보내지 말고 그곳에서 먼저 구제하라고 했어요.

4단계 꽃피우기 퀴즈

세종은 백성의 먹는 문제를 가장 중요하게 생각했어요. 배가 불러야 다른 일도 할 수 있기 때문이에요. 하지만 많은 시간이 지난 지금도 우리 주변에는 밥을 굶는 사람들이 있어요.
배고픈 이웃을 돕기 위해 우리가 할 수 있는 일에는 무엇이 있을까요? 나 혼자 실천할 수 있는 것과 친구나 가족과 함께, 그리고 학교에서 힘을 모아 할 수 있는 일을 써 보세요.

길잡이_ 밥을 남기지 않고 먹기부터 도시락이나 저금통 후원 등 다양한 방법으로 어려운 사람들을 도울 수 있어요.

정답

1단계 숨고르기 01. 똥지게 02. 농사 03. ③ 04. 물레방아 05. 지영 06. 도-길이, 량-부피, 형-무게

2단계 차오르기 01. ① 전분 6등법 ② 연분 9등법 02. ① 03. 농사직설(農事直說) 04. ③ 05. 말 〉 노비 〉 쌀 한 가마니 06. O

3단계 아우르기 01. ③ 02. ① 03. 공법 제도 04. O 05. X 06. ②

《농사직설》 내용 살짝 들여다보기

보리와 밀 재배

보리와 밀은 쌀이 부족할 때 먹을 수 있는 귀한 식량원이다. 메마른 밭은 백로에, 보통 밭은 추분에, 좋은 밭은 추분 후 10일에 파종하는데 너무 이르면 좋지 않다 (옛말에 이르기를 너무 이르면 벌레가 마디에 생긴다고 하였다).

먼저 5~6월 사이에 밭을 갈아서 볕에 쪼이고 써레로 고른다. 파종할 때에 또 갈고 씨를 부린 다음 쇠스랑이나 써레로 좀 두껍게 복토한다(일찍 파종하면 뿌리가 깊어 추위에 견디고 늦게 파종하면 이삭이 잘아진다). 이듬해 3월 사이에 한 번 김을 맨다.

▫ 백로: 9월 8일쯤
▫ 추분: 9월 23일쯤
▫ 써레: 갈아 놓은 논바닥을 고르거나 흙덩이를 부수는 데 쓰는 농기구
▫ 복토: 씨를 뿌린 다음 흙을 덮음
▫ 김: 논밭에 난 잡풀

세종에게 묻다?

대왕께서는 세계 최초로 여론 조사를 한 임금이시죠. 1430년 3월부터 8월까지 토지세 관련 여론 조사를 했어요. 전국 17만여 명의 백성이 응답했는데, 9만 8657명이 찬성, 7만 4149명이 반대한다고 했어요. 찬성이 많았는데도 왜 곧바로 시행하지 않았나요?

　찬성 쪽이 많았지만 반대 쪽 의견도 적지 않아 이 제도를 쉽게 시행할 수 없었느니라. 여러 논의 끝에 1443년 11월 2일, 드디어 호조에 공법을 실시할 방도를 묻고 이를 온 백성에게 알리라고 지시하였다.

　이렇게 결정한 뒤에는 다른 의견은 철저히 배제하였지. 공법은 단순한 법이 아니라 백성의 먹고사는 문제이니라.
　모든 백성에게 공평하면서도 가난한 백성이 세금으로 피해를 보지 않도록 하려고 그렇게 오랜 세월이 필요했단다.

사람다운 세상을 위한 복지

 세종 시대에 몸이 아파 다급할 때 《향약집성방》이란 책이 무척 요긴하게 의원 구실을 했어요. 《향약집성방》이 나오기 전에는 주로 고려 때 만든 《향약구급방》이란 책을 보거나 중국 책을 참고했는데, 내용이 어려워 실제로 도움이 되지 않을 때가 많았어요. 세종이 1433년(세종 15년)에 완성한 이 책은 응급조치 지침서가 되었어요. 이때는 한글 창제 전이었으므로 책이 한문으로 쓰여 있어 마을의 양반 어른이 읽어 마을 사람들과 소중한 정보를 나누었지요. 이 책에는 703종의 약재를 활용하고 있는데, 광물성이 109종, 동물성이 220종, 식물성이 374종이나 되었어요. 유럽에서는 식물성 약재만 활용하던 때였어요.

 《향약집성방》이 우리식 치료법만 담은 것은 아니에요. 중국에서 널리 쓰이는 치료법과 약재도 수용했는데 중국 치료법을 우리 실정에 맞게 다시 분류하고 정리한 다음, 우리의 토속 치료법을 더해 정리한 것이지요.

 1433년 10월 세종은,

"백성이 만약 질병에 걸리게 되면 약을 얻지 못하여 목숨을 잃는 경우에 이르게 되니, 진실로 가엾고 민망하다. 그러므로 내가 널리 향약을 준비하여 그들의 목숨을 건져 주고자 한다."

라며 우리나라에서 생산되는 약재로 치료하게 하고 이와 관련된 의학 책을 편찬하게 된 배경을 밝혔어요.

《향약집성방》을 편찬하기 위해 세종은 사신이 중국에 갈 때 의관도 따라 가게 하여 중국에서 치료책을 구해 오게 했어요. 또한 중국 황제에게 도움을 청해 중국 의료기관의 협조를 얻어 약 이름이 그릇된 것을 바로잡게 했어요. 이렇게 하여 집현전의 유효통, 노중례, 박윤덕 등이 세종의 명으로《향약집성방》85권을 편찬하게 되었어요. 백성은 세종 임금이 의약으로 백성을 구제하는 일에까지 힘을 쓴다고 매우 기뻐했어요. 아픈 이가 약을 먹어 효력을 얻고, 앓던 사람이 일어나며, 사람들이 오래 살게 된 것이 세종의 마음과 어진 정치에서 나온 것이라고 말했지요. 1445년에는 의학 백과사전이라 할 수 있는《의방유취》를 완성했어요.

질병 문제와 더불어 세종이 크게 개선한 것은 하층민의 복지 정책이었어요. 세종은 관비에게 출산 휴가를 137일 주었고, 그 남편에게도 한 달간 휴가를 주었어요. 1434년에는 산모와 아기를 치료하는 내용을 담은《태산요록》을 편찬하게 했답니다. 세종은 사회에서 가장 낮은 신분인 노비의 마음까지 어루만지는 애민 정신을 보여 주었어요. 또한 큰 범죄가 일어났을 때 과학 수사를 할 수 있도록《신주무원록》을 펴냈으며 죄수까지도 보살폈답니다.

1432년(세종 14년) 8월 17일 승정원에서 노인이면서 천한 자는 노인을 위로하는 잔치에 나오지 말게 해 달라고 청하자 세종은 노인을 위하는 까닭은 그 노인을 귀하게 여기는 것이고, 그 높고 낮음을 헤아리는 것이 아니니, 비록 계층이 낮은 사람이라도 모두 들어와서 참가하게 하라고 하였어요. 여기서 말하는 천한 계층은 어떤 신분을 말할까요?

① 양반　　② 중인　　③ 평민　　④ 노비

도움말_ 조선의 신분구조

신분	구성	특징
양반	지주	토지와 노비를 소유
	관료	문관과 무관의 관직을 독점한 지배 계층
중인	기술 관료	기술직에 종사하는 관리
	향리	지방 토착 세력으로 지방의 행정을 관리
	서리	관청의 행정 실무를 담당하는 하급 관리
	서얼	양반의 첩에게서 태어난 자식
평민	농민	농업에 종사하고 조세, 공납, 역(군역, 요역)의 의무를 짐
	공장	수공업에 종사하고 부역의 의무를 짐
	상인	상업에 종사하고 부역의 의무를 짐
천민	사노비	사노비는 매매, 상속, 증여의 대상이 됨
	공노비	공노비는 왕실 및 지방의 국가기관에 소속되어 있던 노비

숨고르기 02

노비 출산 휴가 제도에 대한 설명으로 옳지 않은 것을 고르세요.

① 세종 집권 이전에는 관가의 노비가 아이를 낳으면 출산 7일 후 반드시 일해야 했다.
② 사회적으로 매우 열악한 위치에 있는 관비에게 세종은 출산 일주일 전부터 일을 쉬게 해 주었다.
③ 세종은 관비에게 총 130일의 출산 휴가를 주었다.
④ 세종은 출산을 앞둔 관비의 남편에게도 1개월간 휴가를 주었다.

도움말_ 1430년 10월 25일 조선시대 국가의 법규, 법전을 제정하거나 정책과 제도를 마련하기 위해 설치한 임시 기구인 상정소를 통해 관청에서 복무하는 여종이 출산 전 한 달과 출산 후 백 일 동안 충분히 몸조리할 수 있도록 휴가를 더욱 강화했어요.

숨고르기 03

다음은 세종 시대에 나온 의학 백과사전에 대한 설명이에요. 잘 읽고 괄호에 들어갈 책 제목으로 옳은 것을 고르세요.

당시 중국에서 들여온 약재는 매우 비싸고 구하기 힘들어 가난한 백성은 아파도 치료는커녕 약을 지어 먹을 수 없었어요. 세종은 학자들과 의논하여 값도 싸고 효과도 좋은 우리 약재를 조사하고 중국 약재와 비교하여 동양 최대 의학 백과사전 (   )을/를 완성했어요.

① 동의보감   ② 향약집성방   ③ 의방유취

도움말_ 세종은 1433년(세종 15년) 《향약집성방》을 펴내고 1445년에 중국 역대 의학 책을 수집하여 《의방유취》를 편찬하였답니다. 《동의보감》은 선조 때 펴낸 책이에요.

숨고르기 04

세종은 성천군에 사는 군인의 부인이 한 번에 세 딸을 출산했다는 소식을 듣고 어떤 곡식을 주었을까요?

① 보리　　　　　② 쌀　　　　　③ 콩

도움말_ 예나 지금이나 쌍둥이는 키우기 어렵죠. 세종은 이처럼 어렵고 힘든 처지에 놓인 백성을 알뜰하게 살폈어요.

숨고르기 05

1427년(세종 9년) 10월에 세종은 황희를 기복하여 좌의정으로 발령했어요. 이때 기복이란 벼슬을 하던 신하가 (　　　)을/를 당할 경우 휴직하고 3년 동안 상을 치러야 하는데 나라에 중요한 일이 있을 때 임금 직권으로 장례 후 100일 뒤 다시 강제로 업무에 복귀시키는 제도예요.

도움말_ '기복'은 나라에 전쟁이나 반란 같은 위급한 일이 있을 때 유능한 인물을 쓰기 위한 방편이었답니다.

2단계 차오르기 퀴즈

차오르기 01

세종 때 법으로 정한 것으로 사형 죄인에 대한 최종 심리와 판결을 위하여 심리 결과를 정리한 문서와 함께 세 번씩 왕에게 올려 결재를 받게 했으며 형량을 확정하고 집행하도록 한 이 제도를 '○복법'이라 하지요. '셋'을 뜻하는 ○에 들어갈 말은 무엇일까요?

도움말_ 삼복법은 '계복'이라고도 하는데 세종의 애민 정치에서 비롯했어요. 감사는 먼저 차사원을 정하여 그 읍의 수령과 함께 조사하게 하고 그다음 차사원 2명을 정하여 다시 조사한 후 마지막으로 감사가 직접 조사하여 임금에게 의견을 알리게 하였어요.

▶ 중앙에서 임시로 파견한 관리

차오르기 02

세종은 1434년(세종 16년)부터 관청에 근무한 남자 종에게도 산후 휴가를 주었어요. 남자 종에게 주어진 출산 휴가 기간은 며칠이었을까요?

① 40일　　　　② 30일　　　　③ 100일

도움말_ 이때 세종이 새롭게 고친 출산 휴가는 남편은 30일, 산모는 100일이었어요.

여섯째 마당 사람다운 세상을 위한 복지 • 85

1434년(세종 16년)에 세종이 의학자 노중례로 하여금 펴내도록 지시한 임신과 출산, 아기 질병 치료에 관한 전문 의학 책이에요. 상하 2권으로 된 책인데 상권에는 임신과 출산에 관한 20개 항목이 수록되어 있고 하권에는 아기 보호법 27개 항목이 소개되어 있어요. 훗날 허준은 이 책을 바탕으로 《언해태산집요》를 펴냈는데, 이 책은 무엇일까요?

도움말_ 《태산요록》의 상권은 주로 아기를 낳고 기르는 법을 논하고, 하권은 주로 아기를 보호하고 기르는 법을 기술하였어요.

세종 때 펴낸 법의학서로 최치운, 이세형, 변효문, 김황 등이 명나라에서 발간된 《무원록》을 바탕으로 우리나라 사람이 쉽게 읽고 적용할 수 있도록 편집하여 펴냈어요. 이 책은 무엇일까요?

도움말_ '무원록'은 '억울함을 없게 한다'는 뜻입니다. 살인 사건과 같은 큰 범죄 사건이 일어났을 때 과학 수사로 억울한 사람이 생기지 않도록 하는 책이지요. 중국에서 만든 책을 참고하되 우리 실정에 맞게 다시 펴낸 책입니다.

차오르기 05

세종은 1435년에 장수하는 노인들을 위해 실제 벼슬살이를 하지 않아도 되는 명예 벼슬을 주었어요. 몇 살 이상 노인에게 주었을까요?

① 70세　　　　② 80세　　　　③ 90세

도움말_ 1435년(세종 17년)에 노인을 우대하는 복지 정책에 따라 90세 이상 노인에게 일하지 않아도 되는 명예 벼슬을 주었어요.

차오르기 06

다음 설명을 읽고 맞으면 ○, 틀리면 × 하세요.

① 조선시대의 왕자는 10세가 되면 글을 배우기 시작했고 15세 무렵부터 책을 읽고 토론하며 수준 높은 교육을 받았다.
② 충녕대군은 정치·경제·군사·병법·역사·철학 같은 과목 중에서도 나라를 다스리는 데 직접 필요한 정치 분야만 공부했다.
③ 충녕대군은 특히 농업에 관심이 많아서 다른 분야 책은 읽지 않고 농업 관련 서적만 읽었다.

도움말_ ① 조선시대의 왕자는 3~4세쯤부터 글을 배우기 시작해 8세 무렵부터는 책을 읽고 토론하며 수준 높은 교육을 받았어요.
② 충녕대군은 나라를 다스리는 데 필요한 공부를 전반적으로 했어요.
③ 충녕대군은 수학, 농업, 기술, 천문, 지리, 의학, 음악 등 다양한 분야의 책을 읽었답니다.

3단계 아우르기 퀴즈

1445년(세종 27년) 중국 역대의 의학 책을 수집하여 낸 동양 최대의 의학 책인데, 허준의 동의보감 작성에도 참고가 된 이 책은 무엇일까요?

① 태산요록 ② 삼강행실도 ③ 의방유취

도움말_ ① 의학자 노중례가 저술한 아기 낳기와 어린아이 질병 치료에 관한 의학 책이에요.
② 충신·효자·열녀의 행실을 모은 도덕책이에요.
③ 조선의 자주적 의학을 발전시키기 위해 제작되었어요.

세종의 노인 공경 정치에 해당하지 않는 것을 고르세요.

① 90세 이상 노인에게 벼슬을 주었다.
② 천인이 90세가 되면 남녀 모두에게 쌀 2석씩을 내려 주었다.
③ 천민 출신 노인은 양로연에 참석하지 못하게 했다.

도움말_ 또한 세종은 80세 이상 노인에게는 관례에 따라 양로연을 베풀었어요.

아우르기 03

세종은 사회에서 가장 취약한 처지에 놓여 있는 병자나 죄수가 잘못되지 않도록 세심하게 관심을 기울였어요. 이런 세종의 마음은 그가 한 말에서 찾아볼 수 있는데요. 다음 세종이 한 말을 잘 읽고 괄호에 들어갈 알맞은 말을 고르세요.

"임금의 직책은 하늘을 대신하여 (   )을 다스리는 것이다."

① 만물　　　　　　② 곡식　　　　　　③ 자연

도움말_ 세종은 '임금의 직책은 하늘을 대신하여 만물을 다스리는 것'이라고 보고, 노비, 죄수, 버려진 아이와 같은 어려운 처지에 놓인 사람들을 먼저 돌보았어요. 하늘이 만물에게 차별 없이 혜택을 베풀듯, 왕도 모든 백성에게 고루 베풀어야 한다고 본 것이지요.

아우르기 04

아이들과 관련된 세종의 정책이 아닌 것을 고르세요.

① 유아 사망을 막기 위해 이름만 남아 있던 제생원을 다시 열었다. ▶ 서민들의 의료기관
② 세종은 제생원 옆에 집 3칸을 지어서 각각 온돌방, 서늘한 방, 밥 짓는 곳으로 쓰게 했다.
③ 제생원의 노비들은 제외하고 양민 중에서 꾸준한 마음이 있고 자원하는 사람에게 일정한 급료를 주고 아이들을 보살피게 했다.
④ 아이들에게는 국가에서 겨울철에 덮을 것과 소금, 장, 진어, 미역 등의 물건을 넉넉하게 주었다.

도움말_ 세종은 제생원의 노(사내종)와 비(계집종) 각각 한 명과 양민과 천인 중에서 꾸준한 마음이 있고 자원하는 사람에게 일정한 급료를 주면서 구호하게 했답니다.

아우르기 05

허도는 "사람은 그 위급할 때를 당하면 비록 종실의 처자라 할지라도 의원을 구하여 치료하지 않는 사람이 없다. 드디어 남자 의사로 하여금 살을 주무르게 하니, 그 남녀의 분별을 삼가는 뜻에 어긋난다."라면서, 다른 한편 "진찰해 보이는 것을 부끄럽게 여겨 끝내 질병을 다스리지 못하고서 일찍 죽는 자도 있다."라는 보고를 세종에게 했어요. 이 말을 듣고 세종이 전국적으로 확장한 '이 제도'는 무엇일까요?

도움말_ 치료받지 못하는 여성들을 위해 태종은 도성에 여의사를 두게 했지만, 그 혜택을 도성 안 부녀자만 받는 한계가 있었어요. 그래서 세종은 의녀제도를 전국으로 확대해 시행하자는 허도의 주장을 받아들였지요.

아우르기 06

다음 자료를 읽고 옳게 말한 것을 고르세요.

1424년 강음현의 수령이 땅 소송 사건을 오래 끌면서 판단 내리지 않자 조원이 "지금 임금이 착하지 못해서 이와 같은 자를 수령으로 임용했다."라고 비판했어요. 조정 신료들이 그 불경죄를 처벌해야 한다고 주장하자 세종은 어떻게 했을까요?

① 세종은 백성이 왕을 욕하면 엄하게 벌을 주셨다.
② 세종은 왕을 나쁘게 말한 백성을 용서하는 아량을 베푸셨다.

도움말_ 세종은 군민에게 억울한 누명을 씌운 평안도 관리는 엄하게 처벌했지만 정작 왕 자신을 나쁘게 말한 백성은 용서하는 아량을 베풀었어요.

4단계 꽃피우기 퀴즈

복지는 '행복한 삶'을 뜻하지요. 복지 정책이란 국민 전체가 행복하게 살아갈 수 있도록 하는 데 중점을 두어 노력하는 정책이에요. 우리 가족이 더 행복해지기 위해서 힘을 합쳐 만들 수 있는 '우리 가족 복지 정책'에는 어떤 것들이 있을까요? 각자 어떤 행복을 원하는지 물어보고 함께 정책을 만들어 보세요.

길잡이_ 아빠는 주말에 쉬었으면 좋겠고, 엄마는 집안일을 누군가 도와주었으면 좋겠고, 아이는 더 놀았으면 좋겠다는 의견을 내놓을지도 모르겠네요. 서로 무엇을 함께 할 때 행복한지 알아가고 의견을 나누는 시간을 마련해 보세요. 한 달에 한 번 그 사람 마음대로 가족이 하루를 보내는 '주인공의 날'을 정하거나, 집안일을 나눠서 하는 등 규칙을 만들 수 있어요. 작은 일이라도 가족 구성원으로 '함께 한다'는 것이 중요하겠지요.

정답

1단계 숨고르기 01. ④ 02. ② 03. ③ 04. ② 05. 부모상
2단계 차오르기 01. 삼 02. ② 03. 태산요록 04. 신주무원록 05. ③ 06. ① ×, ② ×, ③ ×
3단계 아우르기 01. ③ 02. ③ 03. ① 04. ③ 05. 의녀제도 06. ②

세종어록
'세종 5년(1423) 7월 3일의 말씀'

　백성은 나라의 근본이니 근본이 튼튼해야만 나라가 평안하게 된다. 내가 덕이 부족한 사람으로서 외람되이 만백성의 주인이 되었으니, 오직 이 백성을 기르고 어루만질 수 있는 방법만이 마음속에 간절하여, 백성에게 친근한 관원을 신중히 선택하고 등용하는 법을 거듭 단속하였는데도, 오히려 듣고 보는 바가 미치지 못함이 있을까 염려된다. …… 원통하고 억울한 처지를 면하게 하여, 백성으로 하여금 근심하고 탄식하는 소리가 영구히 끊어져서 각기 생생한 즐거움을 이루도록 할 것이다.

대왕께서는 주로 대궐에만 계셨나요?

내가 대궐에서 늘 공부만 한 줄 아는 어린이가 많더구나. 임금이 대궐에만 있으면서 백성을 어찌 알 것이며 더욱이 잘 다스릴 수 있겠느냐.

몇몇 호위군관만 데리고 백성의 삶을 살피러 나가기도 하고 사냥이나 무예 훈련 삼아 나갈 때도 많았느니라.

요즘 정치인들이 선거 때만 되면 많은 사람을 만나 악수하는 것과는 다르니라.

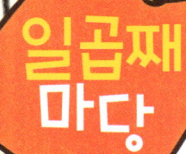

찬란하게 꽃피운 인쇄·출판, 문화

 세종은 인쇄 기술을 끊임없이 연구하여 출판 문화를 꽃피웠어요. 인쇄 기술을 개량하기 전에는 글자를 구리판에 새겨 놓고, 그 사이사이에 납을 부어 단단히 굳힌 뒤 찍었기 때문에 납이 많이 필요했고, 하루에 두어 장밖에 찍어 내지 못했어요. 1421년(세종 3년)에 세종이 구리판을 다시 주조하여 글자의 모양과 꼭 맞게 만들게 하였더니, 납을 녹여 붓지 않아도 글자가 움직이지 않고 더 빠르고 정확하여 하루에 수십 장에서 백여 장까지 찍어낼 수 있었어요.

 1434년 7월에는 인쇄판과 글자에 관한 법을 고치고, 새 활자인 '갑인자'를 만들었어요. 1434년이 갑인년이었기에 활자 이름을 갑인자라 한 거지요.

 인쇄 기술 개량에 자신감을 얻은 세종은 그다음 해인 1435년 9월에 주자소를 아예 경복궁 안으로 옮겼어요. 주자소는 임금님 직속 출판사인 셈인데 가까이에서 더욱 장려하기 위해 궁 안으로 옮기게 한 거예요. 세종은 활자 인쇄 기술을 개선하여 대량 인쇄의 길을 열었어요.

 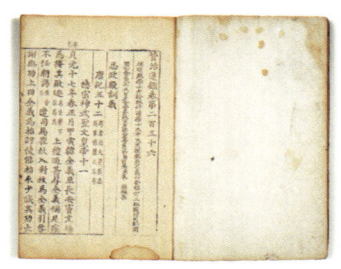

▲ 활자 갑인자 　　　　　▲ 갑인자로 찍은 《자치통감강목》

　1425년(세종 7년) 경기도 남양에서 중국의 경석에 못지않은 돌이 발견되어 우리식 편경을 만들 수 있었어요. 남양은 바닷가 지역인데 근처에 낮은 산들이 있었어요.

▶ 맑은 소리가 나는 돌

　《세종실록지리지》의 1427년 기록을 보면, 경기 수원도호부 남양에 있는 사나사라는 절의 서쪽 산에서 경석이 났는데 그 돌은 푸르고 흰 빛이 섞였으며, 빛깔 무늬를 띠고, 소리가 음률에 맞았다고 해요. 그러나 돌만 가지고 악기가 되지는 않기 때문에 표준음이 필요했어요. 또 표준음을 잡으려면 잘 영근 곡식이 있어야 하는데, 지금의 황해도 옹진군에서 나는 좁쌀보다 큰 기장이 그 역할을 했어요.

▲ 밥이나 떡에 사용되는 볏과에 속하는 재배식물

▲ 편경

일곱째 마당 찬란하게 꽃피운 인쇄·출판, 문화 · 95

한편 1433년 설날, 경복궁에서는 새해맞이 '아악' 연주회가 열렸어요. 편경▶ 정아한 음악이라는 뜻으로 의식용 음악
연주를 다 들은 세종은 "아홉 번째 소리가 음이 약간 높은 듯하구나. 어찌된 ▶ 국악기 중
일인가?"라고 물었어요. 음악 감독 박연이 깜짝 놀라 직접 편경을 살펴보니, 타악기
아홉 번째 돌에 먹물이 마르지 않은 상태였어요. 이에 박연이 직접 먹물을 갈
아 없애니 음이 제대로 나왔어요. 세종은 '관습도감'이란 관아를 통해 음악을
장려하고 전념할 수 있도록 했어요.

멀찍이서 연주를 듣고도 반음보다 더 섬세한 음을 잡아낼 만큼 세종은 음악
에 조예가 깊었어요. 실제로 세종은 음악가이자 작곡가였어요. 박연과 함께
우리나라에 잘 어울리는 악기를 만들고, 음악의 기준이 되는 표준음을 정하여
많은 노래를 작곡했어요. 세종은 어린 시절부터 음악적 재능이 뛰어나 형인
양녕대군에게 거문고를 가르쳐 주기도 했지요.

당시 음악의 표준음을 정하고 표준 악기를 만드는 것은 중국의 특권이었으
나, 세종은 우리식 표준음과 표준 악기로 국악을 정비하고 우리식 음악인 '신
악'을 직접 만들었어요. 특히 《정간보》라는 악보를 만들고 많은 음악을 만들
어 보급했어요.

세종이 훈민정음을 만들려 했을 때 이미 음악 연구를 활용한 소리 연구가
완벽하게 끝났음을 알 수 있어요. 즉, 세종은 절대음계에 대한 자신감으로 사
람의 말소리를 연구했을 거예요. 그래서 실제 음악의 이치를 적용한 절대음계
와 같은 소리를 닮은 문자 스물여덟 자가 1443년 12월 겨울에 세상에 모습을

드러낸 거지요. 세종에게 음악은 국가의 표준이었고, 그것을 바탕으로 합리적으로 소통하기 위한 문자가 만들어짐에 따라 궁극적으로 생활의 표준이 되는 틀이 완성되었어요.

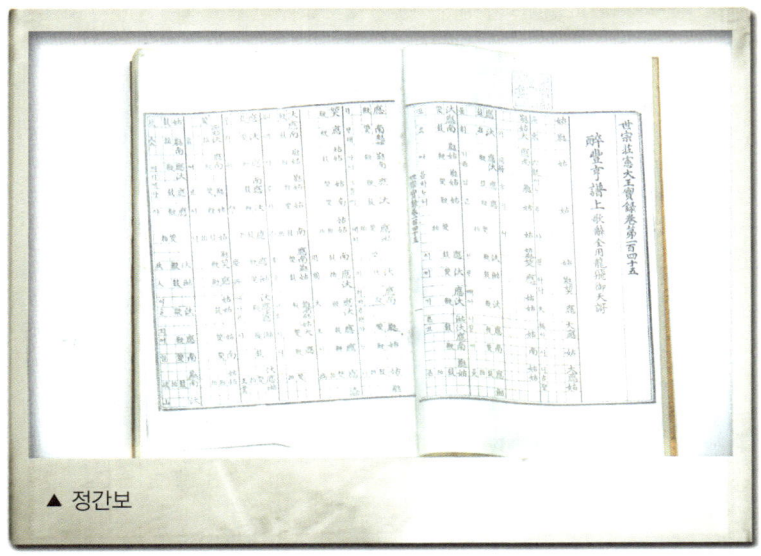
▲ 정간보

1단계 숨고르기 퀴즈

숨고르기 01

1434년(세종 16년) 과학자와 정밀한 천문 기기를 만들던 기술자들이 주자소에서 구리로 만든 활자로, 우리나라 활자 가운데 가장 뛰어난 활자로 여겨지는 이것은 무엇일까요?

① 갑인자　　　② 갑진자　　　③ 계미자

도움말_ 이천은 장영실 등과 함께 세종의 명에 따라 크기가 10mm×11mm인 경자자의 크기를 키우고 활자와 인쇄판을 좀 더 빠르고 완벽하게 짜서 인쇄 능률을 높이기 위한 새로운 활자를 개발하려고 노력했어요. 1434년(세종 16년) 7월 초에 크고 작은 활자 20여 만 자를 새로 만들었는데 갑인년에 만들었다고 해서 이를 갑인자라고 해요.

숨고르기 02

다음 설명 중 《석보상절》에 대한 설명으로 옳지 않은 것을 고르세요.

① 1447년에 소헌왕후의 명복을 빌기 위해 세종의 명으로 수양대군이 썼다.
② 석가모니의 일대기를 담은 책이다.
③ 공자의 일대기를 담은 책이다.
④ 당시 쓰이던 국어를 이해하는 데 중요한 자료이다.

도움말_ 1447년에 소헌왕후의 명복을 빌기 위해 세종의 명으로 수양대군이 편찬했어요. 석가모니 일대기를 담았는데, 한문 원문이 없으며 국한문으로 된 국어의 산문으로만 되어 있지요.

'관습도○'은 세종이 음악을 장려하고 전념하게 한 기관이에요. 조선 초기 음악을 담당한 관청으로 예조에 소속되었던 이 기관의 이름에서 ○에 들어갈 말을 쓰세요. 호랑이가 무서워했던 '곶○'의 '○' 글자와 같아요.

도움말_ 관습도감은 고려 때부터 있던 관청으로 음악 공연을 비롯해 국가의 음악 행사를 모두 맡던 곳이에요.

세종이 펴낸 《훈민정음》 해례본 원본은 1940년 경상북도 안동에서 발견되었는데요. 이 원본이 보관되어 있는, 우리나라 최초의 민간 미술관은 어디일까요? 이 원본을 잘 지켜온 전형필 선생의 호를 따서 지은 이름이랍니다.

○○ 미술관

도움말_ 간송 전형필 선생이 일제 강점기인 1938년에 세운 미술관으로, 원래는 '보화각'이라고 했어요. 간송 전형필은 우리 문화재를 보존함으로써 우리 역사와 문화를 지킨 분이에요.

숨고르기 05

세종 때 박연이 정비한 국악기로, 두 층이 있는 틀에 한 층마다 두께가 서로 다른 석경을 매달아 치는 타악기예요. 국악기 조율의 표준이 되는 이 악기는 무엇일까요?

도움말_ 편경은 명나라에서 들여와 궁중제례악 때 사용되었는데 1425년(세종 7년)에 경기도 남양에서 경돌이 발견되어 국내에서도 제작되기 시작했어요. 15세기에는 돌 12개인 편경이 많이 쓰였어요.

숨고르기 06

맹자와 그 제자들의 대화 등을 기록한 유교 경전으로 세종이 8세 때 《논어》와 함께 읽은 이 책은 무엇일까요?

① 공자　　② 맹자　　③ 장자

도움말_ 《맹자》는 사서오경 중 하나로 '인의 정치'를 중시하는 맹자의 사상을 엿볼 수 있어요. 세종은 8세에 《논어》, 《맹자》 같은 유교 경전을 읽을 정도로 어린 시절부터 책벌레였답니다.

2단계 차오르기 퀴즈

다음 내용이 맞으면 ○, 틀리면 × 하세요.

주자소는 오늘날의 은행과 같은 역할을 하였다.

도움말_ 주자소는 조선시대에 활자의 주조를 맡아보던 곳으로 오늘날 인쇄소와 같은 역할을 하였어요.

▶ 주자소터 (서울시 중구 충무로)

수양대군이 쓴 《석보상절》을 보고 세조가 직접 지은 찬불가를 모아 놓은 책으로 다른 책들보다 한글이 한자보다 크게 인쇄되어 있는 이 책은 무엇일까요?

① 동국정운   ② 월인석보   ③ 월인천강지곡

도움말_ 《월인천강지곡》의 내용은 실제 노랫말로 쓰이면서 널리 퍼졌으며, 한글 보급에도 크게 이바지하였을 거라고 봅니다. 600곡이나 되는 찬불가를 상, 중, 하 세 권으로 간행했는데 현재 상권 1책과 중권의 일부가 전합니다.

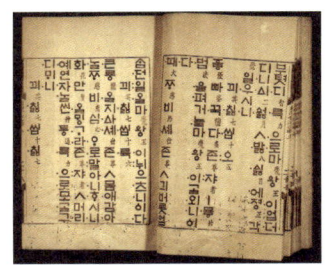

▲ 세종이 직접 지은 《월인천강지곡》

세종이 만든 악보로, 음의 박자와 길이를 우물 정(井) 모양으로 칸을 만들어 정확하게 표시하였어요. 동양 최초의 입체 악보로 평가받는 이것은 무엇일까요?

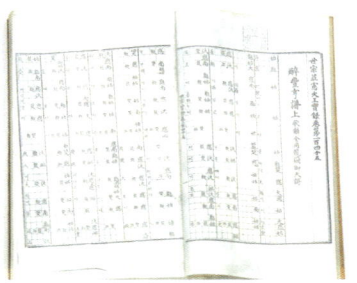

▲ 음의 높이와 길이를 나타낼 수 있는 악보

도움말_ 1447년(세종 29년) 향악을 악보에 기록하기 위하여 정간보를 창안하였어요. 바둑판처럼 우물 정자 모양으로 칸을 나누었다고 해서 '정간보'라고 불렀어요. 칸의 수로는 박자와 음의 장단을, 칸 안의 음 이름으로는 음의 고저를 나타냈어요. 이로써 동양 최초로 음높이와 리듬을 동시에 표기하였지요.

다음에서 설명하는 사람은 누구일까요?

세종 때의 음악가로 악기를 개량하고 음계를 조정하였으며 궁중 음악을 정비하였어요. 우리나라 3대 악성 중 한 사람입니다.

▲ 뛰어난 음악가

도움말_ 박연은 세종을 도와 여러 가지 악기를 새롭게 만들고 음악과 관련된 제도를 정비하였어요. 조선 음악의 시조로 거문고를 만든 고구려의 왕산악, 가야금을 만든 신라의 우륵과 함께 3대 악성으로 존경받고 있답니다.

다음 내용이 맞으면 ○, 틀리면 × 하세요.

옛날 궁정용으로 쓰던 우리나라 고전 음악으로 '정아한 음악'이란 뜻에서 나온 말이고, 궁중 밖의 민속악에 대하여 궁중 안의 의식에 쓰던 궁중 음악의 총칭으로 '문묘제례악'이라고도 하는 이것의 이름은 아악입니다.

도움말_ 아악은 제사와 같은 행사 때 쓰는 중국식 음악이에요. 국가의 장엄함을 나타내기 위하여 연주되지요. 궁정·사원의 의례·제례에서 연주되는 정식 음악이고요. 아악은 좁은 뜻으로는 문묘제례악만 가리키지만, 넓은 뜻으로는 궁중 안의 의식에 연주되던 당악·향악·아악 등을 모두 가리킵니다.

다음 내용이 맞으면 ○, 틀리면 × 하세요.

세종 때의 금속활자 '갑인자'는 서양의 구텐베르크 금속활자보다 뒤늦게 개발되었다.

도움말_ 갑인자는 1434년(세종 16년)에 개발되었고 구텐베르크 활자는 1455년 무렵에 실용화되었어요.

3단계 아우르기 퀴즈

다음 중 한글로 쓰인 책이 아닌 것은 무엇인가요?

① 홍길동전   ② 월인천강지곡   ③ 삼국유사

도움말_ 《삼국유사》는 한글 창제 전인 고려 충렬왕 때 일연이 쓴 신라·고구려·백제 삼국의 역사서예요.

다음에서 설명하는 활자의 이름이 무엇인지 쓰세요.

세종은 어려서부터 책과 공부를 좋아했기에 책을 만드는 인쇄술의 발전에도 힘을 쏟았어요. 그때는 글자 한 자 한 자를 금속으로 만들어서 책을 찍었는데, 활자가 거칠고 투박한데다 작은 활자는 만들기도 힘들었지요. 이를 안타깝게 생각한 세종은 이천을 불러 튼튼하고 질기면서도, 작고 아름다운 금속 활자를 만들라고 했어요.

도움말_ 이천은 갑인자를 만들어 인쇄술의 발달에 공헌하고, 각종 천문학 기계와 화포를 제작하여 과학 발전에도 기여했답니다.

아우르기 03

다음 설명을 읽고 세종이 직접 작곡한 음악이 아닌 것을 고르세요.

세종은 음악에도 관심이 많았는데 나라의 주요 행사 때 연주하는 음악이 우리 정서에 맞지 않는 중국 음악인 것을 안타깝게 여겼어요. 그래서 음악에 관심이 깊고 실력을 갖춘 박연에게 궁중 음악을 정비하라는 특명을 내렸지요. 세종은 예술적 재능도 뛰어나서 음악을 직접 작곡하기도 했답니다.

① 정대업   ② 보태평   ③ 오관산   ④ 봉래의

도움말_ 정대업과 보태평은 모두 종묘 제례 때 추던 춤과 음악을 가리키는 말이에요. 봉래의는 용비어천가의 가사에 맞추어 작곡된 것이에요. 오관산은 고려시대 속요로 어머니에 대한 효도를 노래했어요.

아우르기 04

왼쪽 설명에 해당되는 단어를 잘못 적은 것은 무엇일까요?

설명	단어
조선 초기 음악을 담당했던 관청으로, 예조에 소속되었던 기관 이름	관습도감
세종이 제작에 관여한 노래와 궁중 무용으로 알려져 있으며, 태조의 공덕을 칭송하는 내용을 토대로 춤과 노래가 곁들여진 것	봉래의
박연이 정비한 아악기로 두 층이 있는 틀에 한 층마다 두께가 서로 다른 경돌을 매달아 치는 타악기	편종

도움말_ 편종이 아니라 편경이에요. 편종은 종이 매달려 있지만 편경은 기역자 모양의 돌이 매달려 있어요.

아우르기 05

세종이 제작에 관여한 노래와 궁중 무용으로, 조선을 건국한 ○○의 공덕을 칭송하는 내용을 바탕으로 춤과 노래를 보태어 넣어 봉래의를 만들었습니다. ○○는 누구일까요?

도움말_ 봉래의는 여성 음악가가 관현 반주에 맞추어 노래와 춤을 공연하는 종합 예술 형태의 공연이에요. 《세종실록》에는 나라의 공덕이 성대함과 건국의 어려움을 표현하기 위해 고취악과 전통 향악을 바탕으로 새롭게 곡을 창제하게 됐다고 전합니다.

▶ 큰 행사에서 연주되던 음악

아우르기 06

한글날(10.9)은 어떤 책을 출판한 날을 기준으로 삼은 것일까요?

① 《훈민정음》 해례본   ② 《월인천강지곡》

도움말_ 한글날은 세종이 1446년에 출판한 《훈민정음》 해례본의 간행일을 기준으로 정한 날이에요.

4단계 꽃피우기 퀴즈

세종은 어릴 때부터 음악을 좋아하고 악기를 아주 잘 다루었다고 해요. 여러분이 요즘 가장 좋아하는 노래는 무엇인가요? 영어가 들어 있는 대중가요의 가사를 우리말로 바꾸어 보세요.

길잡이_ 요즘 영어가 무분별하게 쓰이고 있어요. 청소년이 듣는 노래에도 영어로 된 랩이 반 이상을 차지하고요. 영어가 우리 일상생활에서 얼마나 많이 쓰이는지 노래 가사를 쓰면서 느껴 보세요. 영어 단어를 우리말로 바꾸기 어렵다면 인터넷에서 '순화용어 사전'을 검색해서 참고하세요.

정답

1단계 숨고르기 01. ① 02. ③ 03. 감 04. 간송 05. 편경 06. ②
2단계 차오르기 01. × 02. ③ 03. 정간보 04. 박연 05. ○ 06. ×
3단계 아우르기 01. ③ 02. 갑인자 03. ③ 04. 편종 → 편경 05. 태조 06. ①

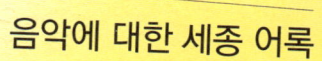

▶ 제사 지낼 때 술을 잔에 세번 부어 올림

　우리나라는 본디 향악에 익숙한데, 종묘의 제사에 당악(중국 음악)을 먼저 연주하고 삼헌(三獻)할 때에 이르러서야 겨우 향악을 연주하니, 조상 어른들이 평시에 들으시던 음악을 쓰는 것이 어떨지, 그것을 맹사성과 더불어 상의하라.

《세종실록》 세종 7년 10월 15일)

　아악은 본시 우리나라의 소리가 아니고 실은 중국의 소리인데 중국 사람들은 평소에 익숙하게 들었을 것이므로 제사에 연주하여도 마땅할 것이다. 우리나라 사람들은 살아서는 향악을 듣고, 죽은 뒤에는 아악을 연주한다는 것이 과연 어떨까 한다. 하물며 아악은 중국 역대의 제작이 서로 같지 않고, 표준음의 소리도 또한 높고 낮은 것이 있으니, 이것으로 보아 아악의 법도는 중국도 확정을 보지 못한 것임을 알 수 있다.

《세종실록》 세종 12년 9월 11일)

세종에게 묻다?

하루아침에 작곡을 한 적도 있다는데 사실인가요?

그렇단다. 내가 임금이 아니었다면 음악가로 살았을지도 모르겠구나. 어렸을 때부터 음악을 들으면 그 가락을 금방 알았느니라.

미술에도 조예가 깊었다고 들었습니다.

미술도 좋아했지. 그래서 한글도 멋지게 디자인한 것 아니겠니?

모든 백성들과 함께 한 과학

세종이 임금이 된 지 4년째가 되던 1422년 1월 1일이었어요. 달이 해를 가리는 일식이 일어날 때가 되자 세종을 비롯한 많은 신하들이 초조하게 하늘을 바라보고 있었어요. 세종은 하얀 옷을 입고 인정전의 제단에 올라가 일식이 일어나기를 기다렸어요.

▶ 창덕궁의 중심 건물

일식 계산을 담당한 이천봉은 더욱 초조했어요. 미리 계산한 것에서 어긋나면 큰일 나기 때문이었지요. 결국 일식은 계산한 시간보다 15분이나 늦게 일어났어요. 이때는 하늘의 움직임을 관찰하고 원리를 파악하여 표준 시간을 정하는 것은 중국 황제의 권한이었어요. 따라서 중국에서 만든 천문 역법서를 들여와 사용하니 오차가 생길 수밖에 없었지요. 조선의 하늘은 중국의 하늘이 아니었으니까요.

역법서를 중국에서 들여온다 해도 조선 하늘의 움직임을 알고 백성에게 알려주는 것은 조선 임금만의 특권이었기에 세종은 하늘의 움직임을 정확히 알아야 했어요. 따라서 일식을 정확히 맞춰야 임금의 권위가 올라가는데 15

분이나 차이가 났으니 신하들은 얼굴을 붉히며 어쩔 줄 몰라 할 수밖에 없었어요. 15분 차이가 있었지만 해가 다시 나타나자 임금이 해를 향하여 네 번 절하였어요. 안타깝게도 일식을 잘못 계산한 이천봉은 곤장을 맞았어요.

▲ 흠경각

▲ 자격루(고궁박물관)

이 사건을 계기로 세종은 하늘의 움직임을 정확히 알기 위해 과학 연구와 과학 기구 개발에 더욱 힘을 쏟게 되었어요. 훗날 세종은 궁궐에 하늘의 움직임을 관찰할 수 있는 천문 관측소인 간의대를 설치하고, 종합 과학 연구소인 흠경각을 지어 조선의 과학 수준을 세계 최고 수준으로 끌어올렸어요. 특히 흠경각은 세종의 침실 옆에 있어 세종은 그곳에서 밤낮으로 연구했어요. 흠경각에는 각종 천문 기기를 비롯하여 세계 최초 자동 물시계인 자격루 등이 설치되어 있어 백성을 위한 과학 연구를 수행할 수 있었지요.

세종은 기본적으로 하늘의 명을 받아 나라를 다스린다는 '천명사상'을 실천했어요. 그래서 그는 오늘날의 기상청과 같은 서운관에 천문, 지리, 날씨, 시간의 측정 등을 맡기고, 중국의 과학 기술을 우리 풍토에 알맞게 수정, 개량, 보완하여 우리만의 것으로 뿌리내리게 했어요. 1445년(세종 27년) 세종의 과학 연구와 과학 정책의 핵심 인물인 이순지는 왕의 명에 따라 동양 과학을 총정리한 《제가역상집》을 펴내면서 '세종 임금은 하늘을 공경하고, 백성에게 힘쓰시는 정치가 극치에 이르지 않은 것'이 없음을 볼 수 있을 것이라고 했어요.
　또한 우리 풍토에 적합한 천문 책으로, 일식 같은 천지의 움직임을 정확하게 계산해 내는 《칠정산내편》을 펴냈어요.

　세종이 천문 연구를 본격적으로 시작한 것은 1432년(세종 14년)이었어요. 세종은 경연에서 해, 달, 별의 이치를 논하다가

"우리나라는 중국과 멀리 떨어져 있고 모든 제도는 중국을 따르고 있으나 천문을 관측하는 과학 기구가 갖추어지지 못했다."

라고 염려하면서, 정인지에게

"고전을 연구하여 천체 관측기와 계산하는 기계를 창안하고 제작하여 측정하며 시험에 대비하도록 하라."

라고 지시했어요. 이리하여 1437년(세종 19년) 4월까지 총 다섯 가지 천문 기계와 열 가지 시계가 제작되었어요.
　오목해시계, 즉 '앙부일구'는 1434년(세종 16년)에 장영실, 이천, 김조 등이 만든 해시계로 시계판이 가마솥 같이 오목하고 하늘을 우러르고 있다고 해서 이런 이름이 붙었어요. 앙부일구는 한자를 모르는 백성과 어린이까지 배려했

다는 것이 특징이에요. 그래서 새벽 다섯 시에서 일곱 시까지를 가리키는 묘시를 토끼 그림으로 나타냈고, 키 작은 어린이도 볼 수 있도록 1미터 남짓 되는 3단형 돌계단 위에 시계를 설치했어요. 오늘날 곳곳에서 볼 수 있는 앙부일구는 조선 중기에 잘못 복원한 것을 그대로 따른 것들로, 유일하게 남아 있는 받침돌은 서울탑골공원에 있어요.

　세종은 전국 국토를 과학적으로 측정할 수 있는 기계인 '기리고차'를 만들어 조선의 지리를 체계 있게 정리하여 과학적인 지리서를 만드는 정책을 폈어요. 기리고차는 실제 세종이 온양에 행차하며 사용하기도 했어요. 1441년(세종 23년) 3월 17일 세종은 눈병을 치료하러 온양으로 가면서 처음 기리고차를 사용했는데, 수레가 1리를 가게 되면 나무인형이 스스로 북을 쳤다고 해요. 이것은 장영실이 중국 유학에서 직접 배운 기술을 적용해 우리식 기리고차를 만든 것이랍니다.

▲ 기리고차 (국립과천과학관)

▲ 앙부일구

1단계 숨고르기 퀴즈

숨고르기 01

1434년(세종 16년) 장영실 등이 왕의 명령을 받아 만든 기구로 자동으로 종 등을 쳐서 시간을 알리도록 만든 물시계는 무엇일까요?

도움말_ 자격루는 '스스로 시간을 알리는 물시계'라는 뜻으로 처음에는 '경점지기'라고 하였어요. 시·경·점에 맞추어 종·북·징을 쳐서 시각을 알렸어요. '시'는 하루 24시간을 열둘로 나눈 시간으로 12간지 동물로 표시했답니다. '경'은 밤 시간을 다섯으로 나눈 시간 단위로 경마다 북을 치고 경과 경 사이를 다섯으로 나눈 '점'마다 징을 쳤어요.

숨고르기 02

앙부일구는 한자를 모르는 백성을 위해 동물로 시각을 표시했어요. 낮 12시를 가리키는 동물은 무엇이었을까요?

① 닭　　　　② 토끼　　　　③ 말

도움말_ 앙부일구는 해시계이므로 지금 시각으로 보면 새벽 다섯 시부터 저녁 일곱 시까지 볼 수 있는 시계예요. 시간대별 동물은 다음과 같습니다.
새벽 5~7시: 토끼, 7~9시: 용, 9~11시: 뱀, 11시~13시: 말, 13~15시: 양, 15~17시: 원숭이, 17~19시: 닭

숨고르기 03

다음 괄호에 들어갈 기관은 무엇일까요?

임금이 좌우 신하들에게 이르기를, "…… 내가 일식·월식때마다 그 시각과 변화 과정을 모두 기록하지 않아서 뒤에 참고할 길이 없으니, 이제부터 일식·월식의 시각과 수치를 비록 하늘의 움직임과 맞지 않더라도 (　　)으로 하여금 모두 기록하여 바치게 하여 뒷날 살피는 데 대비토록 하라." 하였다. 《세종실록》 세종 12년 8월 3일)

① 기상청　　　② 서운관　　　③ 사천대

도움말_ 오늘날의 '기상청'을 조선시대에는 '서운관'으로, 고려 전기에는 '사천대'로 불렀어요.

숨고르기 04

세종 때 경복궁에 만든 이것은 하늘의 별을 보이는 위치 그대로 둥근 면에 표시한 천문 기기예요. 물이 흘러내리는 힘을 이용하여 자동으로 하루의 움직임과 똑같게 회전시킴으로써 별이 뜨고 지는 것, 계절의 변화와 시간의 흐름을 측정할 수 있었어요. 이것은 무엇인가요?

▲ 혼상(경기도 여주 세종 영릉에 있는 전시품)

도움말_ 혼상은 별을 보이는 위치 그대로 둥근 공 같은 표면에 표시하여 별의 움직임과 계절의 변화를 측정하는 천문 기계예요. 하루에 한 번씩 회전시켜서 보면 별이 뜨고 지는 것을 알 수 있으며 시간의 흐름도 측정할 수 있답니다.

숨고르기 05

1448년(세종 30년)에 펴낸 것으로 화포 만드는 방법과 화약 사용 방법을 상세히 기록한 책을 '○통등록'이라고 합니다. 무기의 한 종류이기도 한 '○'에 들어갈 말은 무엇일까요?

도움말_ 세종은 야소(화포 주조소)를 행궁 앞에 짓게 하고 사정거리를 늘리기 위한 연구와 발사 시험을 거듭하여 새로운 화포 설계도를 완성하였어요. 이렇게 하여 완성된 화포 주조법과 화약 사용법을 상세히 기록하고 그림으로 표시하면서 정확한 규격을 기입하여 1448년 9월에 《총통등록》을 간행했어요.

숨고르기 06

세종은 1432년(세종 14년) "우리나라는 중국과 멀리 떨어져 있고, 모든 제도는 중국을 따르고 있으나 천문을 관측하는 기계 설비가 갖추어지지 못했다."고 염려하면서 정인지, 장영실 등 신하들로 하여금 천문을 관찰, 실험할 수 있는 '간의대'를 1443년에 설치하게 합니다. 간의대는 오늘날 어떤 기관과 같은 것일까요?

① 천문대   ② 기상청   ③ 현대과학박물관   ④ 우주연구소

도움말_ '간의대'는 천문관측기구를 설치한 관측대이며 '관천대'라고도 해요. 경복궁 경회루 북쪽에 돌로 쌓아 만들었답니다.

2단계 차오르기 퀴즈

차오르기 01

세종 시대에 만들어진 발명품 가운데 광화문 세종대왕 동상 앞에 있는 것이 아닌 것은 무엇일까요?

① 측우기　　　② 자격루　　　③ 혼천의

도움말_ 자격루는 국립고궁박물관 지하에 복원되어 있어요. 세종대왕 동상 앞에는 훈민정음 서문, 앙부일구, 측우기, 혼천의 등이 있어요.

차오르기 02

▶ 물의 높이

세종 때 청계천 등의 수위를 측정하기 위해 눈금이 있는 표지를 세웠어요. 처음에는 나무로 만들었다가 돌로 바꾼 이것은 무엇일까요?

도움말_ 수표는 하천·호수·저수지 등의 수위를 측정하는 기구랍니다.

▲ 수표(세종대왕기념관)

세종 때 처음 만들어진 강우량 측정 장비로 각 도의 감영 등에 설치하여 강우량을 측정하는 데 사용되었습니다. 이 기기는 무엇일까요?

도움말_ 세종의 큰아들인 문종이 세자 시절 창안한 것으로 세종 이후 말기에 이르기까지 강우량을 측정하는 데 쓰였어요. 1441년(세종 23년) 8월에 측우기를 제작 배치하고, 다음 해 5월에 측우에 관한 제도를 만들었어요.

1448년(세종 30년)에 제작된 병기로 2008년 영화로도 만들어져 유명해진 로켓 추진 화살의 이름은 무엇인가요?

도움말_ 고려 말기에 최무선이 만든 로켓형 화기(주화)를 개량해 제작한 무기예요.

▲ 신기전

1433년(세종 15년) 정초 등이 제작하였다고 기록되어 있으나 그 이전에도 만들어 사용하였을 것이라고 추측해요. '하늘이 둥글다'는 우주관에 기초하여 천체의 운행과 그 위치를 측정하던 천문 관측 기기는 무엇일까요? 만 원짜리 지폐에도 그려져 있어요.

도움말_ 천체의 운행과 그 위치를 측정하여 천문 시계 구실을 한 기구로 선기옥형, 혼천의, 혼의라고도 해요. 삼국시대 후기에서 통일신라시대와 고려시대에도 사용했을 것으로 추정해요.

세종의 명령으로 장영실은 일정한 거리를 가면 북 또는 징을 쳐서 거리를 알려 주는 수레를 개량하였어요. 각 도 간의 거리를 조사하여 지도를 그리는 데 사용했을 것으로 여겨지는 이 수레는 무엇일까요?

▲ 기리고차

도움말_ 기리고차는 일정한 거리를 가면 나무 인형이 북 또는 징을 쳐서 거리를 알려 주는 조선시대의 반자동 거리 측정 수레예요.

3단계 아우르기 퀴즈

아우르기 01

1434년(세종 16년) 장영실 등이 처음 제작하였으며 오목한 솥단지 모양이에요. 종로 혜정교와 종묘 앞에 설치하여 한자를 모르는 백성도 시간을 알 수 있도록 한 해시계는 무엇일까요?

① 자격루　　② 첨성대　　③ 앙부일구

도움말_ '앙부일구'는 가마솥처럼 생긴 해시계라는 뜻으로 '앙부일영', '앙부일귀'라고도 했어요. 글자를 모르는 백성을 위하여 12지신의 동물을 글자 대신 새겼답니다.

아우르기 02

세종 때 만들어진 과학 장치가 아닌 것은 무엇일까요?

① 앙부일구　　② 거중기　　③ 측우기

도움말_ 거중기는 정약용이 만든 기계로 1792년 수원 화성을 쌓는 데 이용되었어요. 도르래 원리를 이용해 작은 힘으로 무거운 물건을 들어 올리는 장치로 성 쌓기에 안성맞춤인 기계였답니다.

아우르기 03

괄호에 알맞은 단어를 쓰세요.

세종은 1438년 일종의 종합 과학 연구소인 (   )을/를 궁궐 안에 설치했어요. 《서경》이란 책에 '하늘을 공경하여 백성에게 때를 일러 준다.'는 문구에서 이름을 따왔는데, 세종은 여기에 각종 천문 시계를 설치해 놓고 과학자들과 함께 연구하였답니다.

도움말_ 세종은 흠경각을 편전(임금이 업무를 보는 전각)인 천추전 가까이 두고 수시로 드나들며 천체의 운행을 관찰하여 농사지을 때를 알아내어 백성에게 알려주고, 하늘의 이치를 깨달아 왕도 정치의 본보기로 삼았어요.

▲ 흠경각

아우르기 04

칠정산 내·외편에 대해 옳게 설명한 것은 무엇인가요?

① 세종의 명을 받아 동양 의학을 총정리한 책
② 조선 후기 정약용이 홍역 치료에 대하여 저술한 책
③ 우리 풍토에 적합한 천문 책으로 일식 같은 천지의 움직임을 정확하게 계산한 책
④ 우리나라와 중국의 역대 사적 중에서 정치의 귀감이 될 사실을 모은 책
⑤ 우리나라 최초의 표준음에 관한 책

도움말_ 1444년에 세종의 명에 따라 이순지, 김담이 중심이 되어 펴낸, 날짜와 천문학에 관한 책이에요. 중국 원나라의 것과 명나라의 것을 참고하여 우리나라의 실정에 맞게 만들었지요. 칠정은 해와 달 그리고 수성·화성·금성·목성·토성의 5행성을 뜻해요.
①은 의방유취, ②는 마과회통, ④는 치평요람, ⑤는 동국정운에 대한 설명이에요.

아우르기 05

원래 무장이었으나 과학 기술자로서 인쇄술 개량과 화포 제작에 공을 많이 세운 사람은 누구일까요?

도움말_ 이천(1376~1451)은 대마도 정벌과 북방 개척에 큰 공을 세운 장수였으나 과학 기술 분야에서도 매우 뛰어난 업적을 남겼답니다.

4단계 꽃피우기 퀴즈

축하합니다! 여러분은 타임머신을 타고 세종대왕을 만날 수 있는 기회를 얻게 되었어요!
백성의 편리한 삶을 위해 과학 기구를 많이 발명하신 세종대왕을 위해 현대의 가전제품 가운데 하나를 골라 선물해 드리려고 해요. 어떤 가전제품을 가져가서 세종대왕께 선물하고 싶은가요? 그 이유는 무엇인가요?

길잡이_ 우리 친구들이 가장 편리하다고 생각하는 가전제품은 무엇인가요? 그 제품이 없었던 조선시대에 사람들은 무엇으로 그 제품을 대신했을까요? 세종대왕께서 어떤 선물을 받으면 기뻐하실지 상상을 해 보세요.

정답

1단계 숨고르기 01. 자격루 02. ③ 03. ② 04. 혼상 05. 총 06. ①

2단계 차오르기 01. ② 02. 수표(양수표) 03. 측우기 04. 신기전 05. 혼의(혼천의) 06. 기리고차

3단계 아우르기 01. ③ 02. ② 03. 흠경각 04. ③ 05. 이천

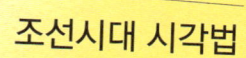 조선시대 시각법

15세기 12시각법과 밤시각법 비교

12시각	현대 시간	밤/낮	밤 시각
자시(쥐)	23~1시	밤	삼경
축시(소)	1~3시		사경
인시(호랑이)	3~5시		오경
묘시(토끼)	5~7시	낮	
진시(용)	7~9시		
사시(뱀)	9~11시		
오시(말)	11~13시		
미시(양)	13~15시		
신시(원숭이)	15~17시		
유시(닭)	17~19시		
술시(개)	19~21시	밤	초경
해시(돼지)	21~23시		이경

어린이를 배려한 시계도 만드셨다는데 사실인가요?

　어린이만을 위해 만든 것은 아니지만 어린이도 볼 수 있는 시계를 장영실과 함께 만들었단다.
　그게 바로 앙부일구라는 해시계야. 어린이도 볼 수 있게끔 시간을 동물 그림으로 했고 1미터도 안 되는 돌에 2단 계단을 만들어 다섯 살 짜리 아이도 올라가 볼 수 있도록 했지.

아홉째 마당

안정과 평화를 향한 국방·외교

　1432년 1월 19일 맹사성, 권진, 윤회, 신장 등이 《신찬팔도지리지》를 편찬하여 세종에게 올렸어요. 각 도의 지리지를 만든 다음 종합하여 편찬한 조선 최초의 인문 지리서였지요. 이 책은 오늘날 전해지지는 않지만 1425년에 작성된 《경상도지리지》가 남아 있어 그 내용을 짐작할 수 있어요. 《신찬팔도지리지》를 제작하기 위해 세종은 1424년에 대제학 변계량에게 조선 전역에 걸친 지리와 각 주, 부, 군, 현 단위의 역사에 대해 편찬하라는 지시를 내렸어요.

▶ 조선시대 행정구역(오늘날의 시, 군, 구 등)

　《신찬팔도지리지》 제작의 최초 책임자는 변계량이었는데 1432년 최종적으로 완성되었을 때는 맹사성, 권진, 윤회, 신장 등이 세종에게 바쳤어요. 그 후 이를 보완한 지리서가 《세종실록지리지》인데 《세종실록》의 부록처럼 실려 있어요. 지리는 시간이 지나면서 많이 바뀌기 때문에 1454년(단종 2년) 《세종실록》을 편찬하며 일종의 증보 수정판으로 만든 것이 《세종실록지리지》예요.

조선 초기에 과학적인 지리서가 편찬되었기에 이후 국토 관리를 효율적으로 할 수 있었고 토지 관련 행정 질서를 바로잡을 수 있었지요. 당시 지리서에 군, 현별로 약재도 수록해 놓아 질병 치료와 의학 발전에도 크게 보탬이 되었어요. 《세종실록지리지》를 보면 약재가 384종 실려 있어요. 다목적용 지리서인 셈이지요.

　세종의 국방 정책의 일환이었던 국토 정비도 이런 국토관이 반영된 거예요. 세종은 단지 조선의 임금으로서가 아니라 단군의 후손으로서 국토를 바라보았어요. 세종은 국제 질서를 합리적으로 유지하기 위해 평생을 야전 군인으로 ◀ 직접 싸움터에서 활동한 군인
살아온 최윤덕과 문무를 겸비한 김종서 같은 참모진을 잘 활용해 '4군 6진'을 ◀ 압록강 상류지역　　두만강 유역 ▶
개척했어요. 이후 백성들이 그곳에 가서 살게하여 사람이 사는 진정한 땅이 되게 하였죠(사민 정책). 또한 현지에서 태어나고 살아온 사람을 관리로 임명하는 토관제도를 도입해 지방 정치의 합리성을 꾀하였어요.

1단계 숨고르기 퀴즈

숨고르기 01

1420년(세종 2년)에 세종은 하연 등을 중국에 보내 금, 은을 바치는 것을 면제해 달라고 청했어요. 괄호에 들어갈 말로, 각 지방에서 특이하게 나는 물품을 가리키는 세 글자 단어를 쓰세요.

"신이 생각하건대, 금·은은 예부터 본국에서는 생산되지 않았습니다. 삼가 바라건대, 황상께서는 금·은을 면제하고 (　　　　)(으)로 대신 바치게 하소서."

도움말_ 《세종실록》 1420년 1월 25일 기록에 따르면 세종은 우리나라에서 생산되지 않는 금과 은을 중국에 바치는 것이 힘드니 원래 바치던 금과 은이 아닌 토산품을 대신 바치게 해달라고 요청했어요.

숨고르기 02

세종 때 쓰인 지리서가 아닌 것은 무엇일까요?

① 신찬팔도지리지　　② 경상도지리지　　③ 대동여지도

도움말_ 1861년(철종 12년) 김정호가 제작한 목판으로 인쇄된 대동여지도는 전체 6.7m× 3.8m 크기의 전국 지도로, 모두 22첩으로 구성되어 있어요.

숨고르기 03

《세종실록지리지》에 대한 설명으로 옳은 것은 무엇일까요?

① 세종실록지리지는 세종 때 완성되었다.
② 세종실록지리지에는 그 지역에서 나는 약재도 실려 있다.
③ 세종실록지리지에는 주민들의 신분 구성에 관한 사항은 없다.

도움말_ 《세종실록지리지》는 1454년(단종 2년)에 《세종실록》을 편찬하며 일종의 증보수정판으로 만들었어요. 지방 명칭, 행정, 재정, 군사 사항은 물론 주민들의 신분 구성과 군, 현별로 약재도 수록해 놓은 다목적용 지리서예요.

숨고르기 04

《세종실록》에 보면 이 사람은 첫째, 중국과 일본의 외교에서 필요한 문서 작성에서 주도적으로 일하였고, 둘째, 인재 선발을 공정하게 하여 뛰어난 인재를 많이 양성하였으며, 셋째, 임금을 보좌하여 창의적인 정책 제안을 많이 하였다고 해요. 이 사람은 누구일까요?

① 황희   ② 변계량   ③ 김종서

도움말_ 변계량(1369~1430)은 고려 말, 조선 초기 최고의 학자이자 관리로 세종을 도와 《고려사》 고쳐 쓰기 등 많은 업적을 남겼어요.

세종이 개척한 4군 설치 6진 개척은 조선시대의 국경이 (   )과 (   ) 연안에까지 뻗치게 되는 데 큰 영향을 주었어요. 괄호에 들어갈 강 이름은 무엇일까요?

① 두만강, 청천강   ② 한강, 낙동강   ③ 압록강, 두만강

도움말_ 압록강과 두만강은 당시 조선과 중국의 국경선이에요. 압록강은 서해로, 두만강은 동해로 흐릅니다.

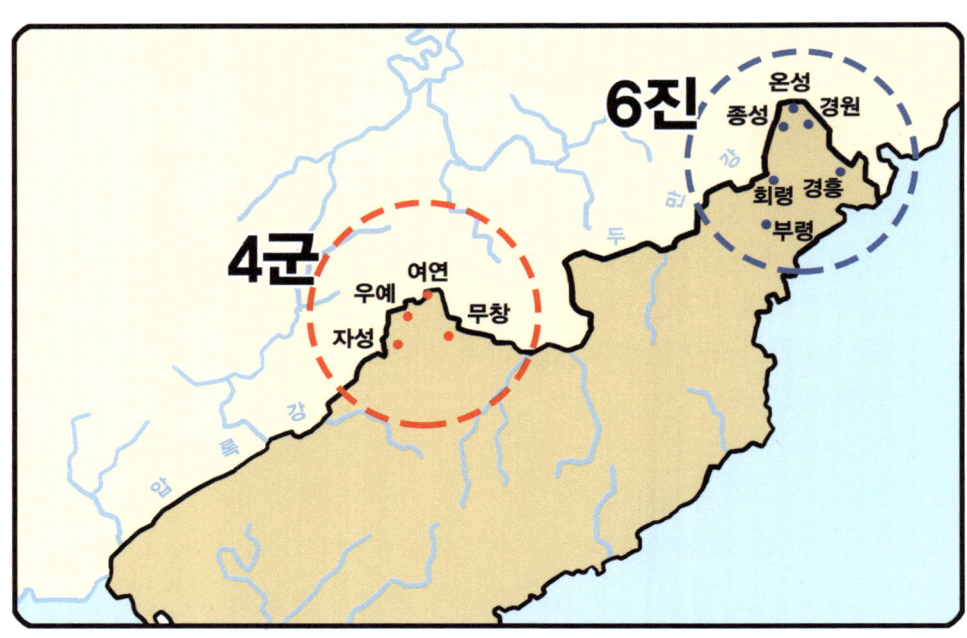

2단계 차오르기 퀴즈

1433년(세종 15년), 평안도 도절제사가 되어 군사를 이끌고 압록강 유역의 여진족을 물리친 뒤 압록강 상류에 4군을 설치한 인물은 누구인가요?

도움말_ 최윤덕(1376~1445)은 세종 시대를 대표하는 무장으로 북방 개척에 크게 이바지하였어요. 그는 무반인데도 최고의 문반인 좌의정까지 올랐어요.

세종 때 여진 정벌에 앞장서 두만강 유역의 6진을 개척했으며, 세종의 신임을 얻어 《고려사》와 《고려사절요》 편찬을 주도한 인물은 누구인가요?

도움말_ 김종서(1382~1453)는 문무를 겸비한 조선 최대 지략가예요.

1419년(세종 1년), 군에 관한 일을 맡아보는 삼군 도체찰사에 올라 전함 227척을 거느리고 왜구의 본거지인 대마도 섬을 정벌한 인물은 누구인가요?

전쟁할 때 쓰는 배

도움말_ 도체찰사는 전쟁이 났을 때 군무를 맡아 보던 최고의 군직이에요. 이종무는 태종과 세종의 명을 받아 대마도를 정벌하는 데 앞장섰지요.

대마도 정벌을 계기로 교역을 튼 세 항구 가운데 지금의 '울산'에 해당하는 지역은 어디인가요?

① 제포(내이포)　　　② 부산포　　　③ 염포

도움말_ 제포(내이포)는 지금의 진해구, 부산포는 지금의 부산이에요. 제포는 1973년에 창원군에서 진해시로 편입되었고, 이후 2010년에 진해시가 창원시에 통합되면서 창원시 진해구로 편입되었지요.

차오르기 05

1433년(세종 15년) 경원부 자리에 영북진을 설치하여 대규모 이주를 단행하였는데, 이처럼 북방 지역을 개척하기 위하여 추진한 이민 정책은 무엇인가요?

① 사민 정책　　　　　② 공도 정책

도움말_ '사민'은 백성을 옮겨 살게 한다는 뜻으로 '이민'이라고도 해요. 따라서 '사민 정책'은 백성을 특정한 지역으로 옮겨 살게 하는 정책이에요. 고려 덕종 때에도 정주에 1,000호를 이주시킨 일이 있어요. 그러나 조선 초 4군 6진을 개척하면서 본격적인 사민이 시작됩니다. '공도 정책'은 섬 주민을 육지 본토로 옮겨 살게 하는 정책이에요.

차오르기 06

세종은 학문에만 뛰어난 것이 아니라 (　　)에도 능했고, (　　) 훈련도 중요하게 생각했어요. 다음은 세종이 1432년 1월에 형조참판 고약해의 강한 주장에 답변한 내용이에요. 괄호에 들어갈 알맞은 말은 무엇일까요?

고약해: (　　) 훈련은 놀이에 가깝다고 생각되옵니다. 백성이 쉴 수 있도록 (　　) 훈련 일수를 줄여주시는 게 좋다고 보옵니다.
세종: 경의 말이 옳다. 그러나 (　　) 훈련은 놀이가 아니다. (　　) 훈련은 종묘를 받들고 빈객을 접대하고 (　　)를 익히는 일로써 관계되는 바가 가볍지 않다. ……
경의 말이 비록 옳다고는 하나 (　　) 훈련을 폐지할 수는 없다.

도움말_ 강무는 조선시대에 임금이 군사의 조련을 위해 해마다 봄·가을에 신하와 백성을 모아 일정한 곳에서 함께 사냥하며 무예를 닦던 행사예요.

아홉째 마당 안정과 평화를 향한 국방·외교 · **133**

3단계 아우르기 퀴즈

아우르기 01

다음 괄호에 들어갈 단어를 각각 쓰세요.

① _____   ② _____

세종은 나라의 힘을 기르고 영토를 확장하기 위해 군사를 훈련하고, 새로운 무기를 개발했으며, 성을 쌓고 전쟁에 대비하여 병선을 개량했습니다. 마침내 오랜 걱정거리였던 남쪽의 (①)와/과 북쪽의 (②)을/를 몰아내고 압록강과 두만강을 국경으로 하는 국경선을 확정지었답니다.

도움말_ 병선은 전쟁에 필요한 장비를 갖춘 배로, 조선시대의 작은 싸움배를 뜻하기도 해요. 병법은 군사를 지휘하여 전쟁하는 방법을 말합니다.

아우르기 02

다음 설명을 잘 읽고 '쓰시마 섬'이라고도 불리는 섬의 이름을 쓰세요.

_____

세종 시대에 우리나라 남쪽에는 왜구들이 쳐들어와 노략질을 일삼았습니다. 백성의 고통은 이루 말할 수 없을 정도였지요. 세종은 이종무를 총지휘관으로 임명하여 (   )을/를 정벌하도록 했어요. 이종무는 전함 200여 척을 이끌고 (   )에 들어가서 왜구의 항복을 받아 냈습니다. 그 뒤 한동안 왜구의 노략질은 거의 사라졌어요.

도움말_ 이종무는 1381년 강원도에 침입한 왜구를 격퇴하고, 1397년 왜구의 침입을 물리쳤으며, 1419년 대마도를 정벌하였지요.

아우르기 03

세종 시대 문관 가운데 최고 장수가 된 사람으로 다음 설명에 해당하는 사람의 이름을 쓰세요.

세종은 (　　)을/를 보내 두만강 주변에 6개 성을 개척하게 했어요. (　　)은/는 10여 년간의 노력 끝에 6진을 개척하고, 압록강 일대에 4군을 설치해 두만강과 압록강 남쪽을 영토에 포함시켰습니다. 이 과정에서 '신기전' 등 새로운 무기를 개발하고 실제 전투에 사용하면서 큰 효과를 보았지요.

도움말_ 김종서는 원래 문관이지만 6진 개척을 주도한 인물이었어요. 또한 북방 민족의 침입에 대비해 함경도 8진을 방어하는 방법을 담은 《제승방략》이라는 책도 지었어요.

아우르기 04

1445년 이 사람이 죽자 세종은 '나라의 기둥이 꺾어지고 나라의 성곽이 무너졌다'며 슬퍼했어요. 압록강 유역에 침입한 여진족을 물리친 공로로 우의정에 오르게 됐지만 나라를 지키는 것이 당연한 임무라며 사양한 이 사람은 누구일까요?

① 맹사성　　　　② 최윤덕　　　　③ 김종서

도움말_ 최윤덕 장군은 조선 전기의 무신으로 국방 체계에 큰 공을 세웠답니다.

아우르기 05

세종이 왕이었을 당시 중국의 나라 이름은 무엇이었을까요?

① 명나라 ② 청나라 ③ 한나라

도움말_ 세종은 1418~1450년 동안 조선을 다스렸어요. 이때 중국은 명나라(1368~1644)가 들어서 있었어요.

아우르기 06

세종이 조선을 다스릴 때 외국에서 일어난 사건과 나라를 바르게 연결하세요.

① 영국과 프랑스 •   • 만리장성 확장
② 중국   •   • 백년전쟁

도움말_ 영국과 프랑스는 왕위 계승 문제로 1337년부터 1453년까지 거의 100년 동안 전쟁을 했어요. 이 전쟁으로 프랑스는 지금과 같은 국경선을 확보했지요.
중국의 만리장성은 진나라 시황제(기원전 259~기원전 210)가 북쪽 흉노족의 침입을 막기 위해 쌓은 산성이에요. 명나라 때 몽골의 침입을 막기 위해 크게 확장하였지요.

4단계 꽃피우기 퀴즈

세종은 우리나라의 지형을 정확하게 파악하기 위해 '기리고차'를 사용하고, 《경상도지리지》 같은 지리서를 편찬했어요. 내가 사는 우리 동네 지도를 그리고, 진짜 지도와 비교해 보세요. 내가 생각했던 것과 어디가 같고 어디가 다른가요?

길잡이_ 단순해도 좋아요. 학교, 집, 도로 같은 중요한 건물부터 표시해 보세요. 다 그린 뒤 위성 지도와 비교해 보세요. 머릿속 세상과 실제가 다르다는 것을 느낄 수 있어요. 동네 지도를 그려 보면 무심히 지나치던 것들도 다시 살펴보게 될 거예요.

정답

1단계 숨고르기 01. 토산품 02. ③ 03. ② 04. ② 05. ③
2단계 차오르기 01. 최윤덕 02. 김종서 03. 이종무 04. ③ 05. ① 06. 무예
3단계 아우르기 01. ① 왜구, ② 여진족 02. 대마도 03. 김종서 04. ② 05. ①
06. ① 영국과 프랑스 – 백년전쟁, ② 중국 – 만리장성 확장

기리고차에 쓰인 거리 측정 원리는 무엇일까요?

기리고차는 여러 가지 모양의 톱니바퀴를 활용하여 바퀴의 회전수를 감속하는 원리를 이용해 거리를 측정해요.

세종에게 묻다?

대왕께서 좋아하시는 운동이 있다고 들었습니다. 어떤 것인가요?

격구였느니라. 종친들과 직접 치기도 했고, 구경하는 것을 즐기기도 했지. 격구는 무예를 연마하고 글만 읽어 나약해진 몸을 단련하기 위해서 했느니라.

> 참고
>
> 격구는 말을 타고 달리며 채로 공을 쳐서 상대의 문에 넣는 경기예요.

인류 최고의 문자, 훈민정음

세종이 언제부터 훈민정음이라는 새 문자를 연구했는지에 대한 기록은 없어요. 분명한 것은 새로운 문자 스물여덟 자를 1443년 음력 12월에 처음 알리고, 신하 여덟 명과 함께 훈민정음의 후속 연구와 해설서를 집필하여 1446년 음력 9월에 해설서인 《훈민정음》 해례본으로 반포했다는 점이에요. 1443년 이전까지의 기록에 이와 관련한 글이 전혀 없는 것으로 보아 세종이 비밀리에 연구를 진행한 것 같아요.

훈민정음 창제 동기에 관한 기록은 없지만 세종이 《훈민정음》 해례본에 직접 쓴 서문과 다른 관련 기록을 연결해서 생각해 보면 그 흐름을 충분히 짚어낼 수 있어요. 서문 내용은 다음과 같아요.

▶ 세종이 직접 쓴 훈민정음 취지를 담은 머리말

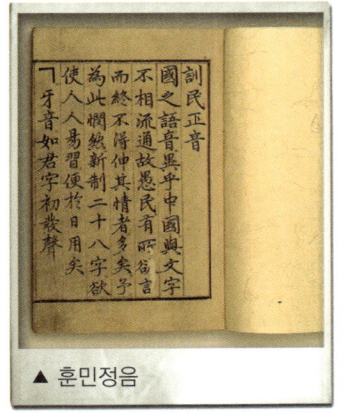
▲ 훈민정음

우리나라 말이 중국과 달라 한자와는 서로 통하지 않으니라. 그래서 어리석은 백성이 말하고자 하는 바가 있어도 끝내 제 뜻을 펴지 못하는 사람이 많으니라. 내가 이것을 가엾게 여겨 새로 스물여덟 글자를 만드니, 모든 사람으로 하여금 쉽게 익혀서 날마다 쓰는 데 편하게 하고자 할 따름이니라.

 한문으로는 우리말을 제대로 적을 수 없다 보니 한문을 모르는 백성이 하고 싶은 말이 있어도 못한다는 것, 곧 한자를 모르는 백성의 소통 문제가 세종이 훈민정음을 창제하는 데 가장 중요한 동기라는 거예요. 1444년에 쓰인 《세종실록》 기록에 따르면, 훈민정음 반포를 반대하는 최만리의 반대 상소에 세종은

"사형 집행에 대한 법 판결문을 이두 문자로 쓴다면 글의 뜻을 알지 못하는 백성이 한 글자의 착오로도 원통함을 당할 수도 있으나, 이제 그 말을 언문으로 직접 써서 읽거나 정확히 듣게 하면 비록 지극히 어리석은 사람일지라도 모두 다 쉽게 알아들어서 억울함을 품을 자가 없을 것이다."

▶ 훈민정음

라고 했어요. 세종이 이 말을 정확히 언제 얘기했는지 알 수 없지만 1444년 2월 20일에 최만리 등이 올린 '갑자 상소문'에 세종의 말이라고 인용되어 있어요.
 실제로 가장 중요한 훈민정음 창제 동기가 바로 이러한 소통 문제를 해결하

열째 마당 인류 최고의 문자, 훈민정음 • 141

기 위해서였던 거예요. 다시 말해 세종은 그 동기를 이해할 수 있도록 재판 과정에서 한자 사용에 따른 문제를 들어 실상의 정곡을 찔렀어요. 이렇게 통치자가 죄인과 관련된 문서나 판결문에 쓰인 문자까지 고민하고 배려한 사례는 세계사에도 없는 일이에요. 죄인이라도 인권을 존중할 필요가 있어요. 하물며 죄인이 아닌데도 죄인으로 몰리는 억울한 일은 누구에게도 절대 있어서는 안 되겠지요. 세종은 이 문제의 근본 원인인 문자 소통을 해결하고자 한 것이랍니다. 구체적인 훈민정음 구상 동기로 생각되는 최초의 기록이 《세종실록》에 나와요. 세종은 1426년에

"법조문이란 것이 한문과 이두로 복잡하게 쓰여 있어서 비록 문신이라 하더라도 모두 알기가 어려운데, 하물며 법조문을 배우는 생도는 어떻겠는가."

라고 걱정했어요.

1428년 9월, 진주에 사는 김화라는 사람이 자기 아버지를 죽이는 '존속 살인' 사건이 일어났어요. 세종은 그에 대해 일벌백계보다는 어떻게 가르치고 이끌어 좋은 방향으로 나아가게 할지 심각하게 고민한 끝에 《효행록》을 펴냈어요. 그러나 《효행록》을 펴내는 것만으로는 큰 효과를 거두지 못하자 세종은 그림 풀이를 덧붙인 《삼강행실도》를 펴내라고 지시했고, 1432년(세종 14년) 집현전에서 《삼강행실도》를 편찬하였어요. 이때 세종은

"비록 세상 이치를 아는 사람이라 할지라도 법률문에 따라 판단이 내려진 뒤에야 죄의 경중을 알게 되거늘, 하물며 어리석은 백성이야 어찌 저지른 죄가 크고 작음을 알아서 스스로 고치겠는가. 비록 백성으로 하여금 다 법률문을 알게 할 수는 없을지나, 따로 큰 죄의 조항만이라도 뽑아 적고, 이를 이두문으로 번역하여 민간에게 반포해 보여, 어리석은 지아비와 지어미로 하여금 범죄를 피할 줄 알게 함이 어떻겠는가."

라고 했어요.

이렇게 하여 세종은 한자를 모르는 백성을 항상 걱정하며, 1434년부터는 어리석은 백성을 위해서 그림을 붙이고 널리 펴서 거리에서 노는 아이들과 여염집 부녀자들까지 모두 쉽게 알 수 있도록 정책을 폈어요.

▲ 백성의 살림집이 모여 있는 곳

1단계 숨고르기 퀴즈

한글날은 어떤 날을 기준으로 삼았나요?

① 훈민정음(한글) 창제일 ② 훈민정음(한글) 반포일
③ 세종 탄신일 ④ 정확히 모른다.

도움말_ 한글은 1443년 12월(음력)에 창제되고 1446년 9월 상순(음력)에 반포되었어요. 북한은 창제한 날을, 남한은 반포한 날을 각각 양력으로 바꿔 기립니다. 그래서 북한의 조선글날(훈민정음 기념일)은 1월 15일이고 남한의 한글날은 10월 9일이에요.

한글을 창제한 해와 반포한 해를 올바르게 짝지은 것은 어느 것인가요?

① 1443년-1445년 ② 1443년-1446년
③ 1443년-1450년 ④ 1445년-1454년

숨고르기 03

'ㄱ, ㄴ, ㅁ, ㅅ, ㅇ' 등의 자음은 무엇을 본떠 만들었나요?

① 혀, 입(입술), 이, 목구멍 등의 모양　　② 창문의 문살

도움말_

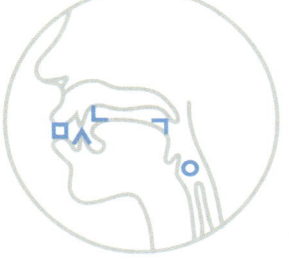

숨고르기 04

'·(아래아), ㅡ, ㅣ' 등의 모음은 무엇을 본떠 만들었나요?

① 혀, 입(입술), 이, 목구멍 등의 모양　　② 하늘, 땅, 사람

도움말_

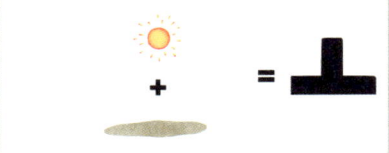
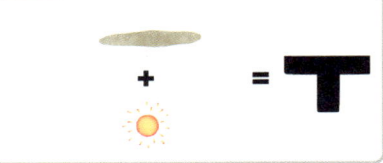

열째 마당 인류 최고의 문자, 훈민정음 · **145**

숨고르기 05

1446년 나라에서 한문으로 펴낸 책으로 한글의 자음과 모음을 만든 원리와 용례를 설명한 책 이름은 무엇인가요?

① 훈민정음　　　　　　　② 훈민정음 해례본

도움말_ 흔히 '훈민정음 해례본'이라고 하지만 정확한 책 제목은 《훈민정음》이에요. 이 책 가운데 훈민정음 창제 원리를 설명한 부분이 '해례'라 해례본이라고 합니다.

숨고르기 06

15세기 훈민정음 반포 당시와 지금의 한글 기본 낱글자 수로 옳게 짝지은 것을 고르세요.

① 24자 – 24자　　② 26자 – 24자　　③ 28자 – 24자

도움말_ 15세기 훈민정음은 자음 17자, 모음 11자였어요. 지금은 'ㆍ(아래아), 자음 ㆆ(여린히읗), ㅿ(반시옷), ㆁ(옛이응)'을 쓰지 않아 자음 14자, 모음 10자로 모두 24자입니다.

2단계 차오르기 퀴즈

한글로 처음 쓴 책은 무엇인가요?

도움말_ 세종 때 훈민정음으로 처음 쓴 첫 책은 《용비어천가》예요. 이 책은 조선을 세우는 데 힘쓴 조상의 업적을 중국 옛 시대의 일에 빗대어 기리는 노래입니다. 《용비어천가》는 1445년에 우리말 노래를 먼저 지어 싣고 그것을 한문으로 번역하여 뒤에 붙여 한글로 엮은 최초의 책이에요.

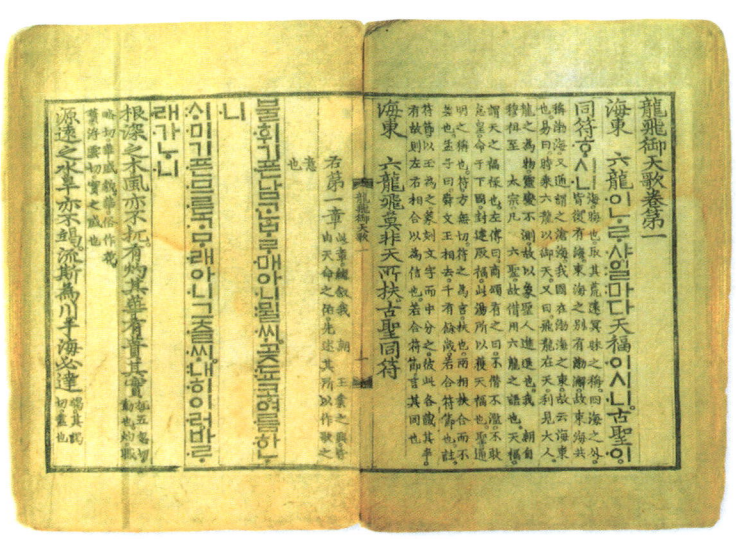

▲용비어천가

차오르기 02

한글을 이르는 공식 이름은 훈민정음이에요. 하지만 유학자를 중심으로 '상스러운 글'이라며 한글의 가치를 깎아내려 한글을 속되게 불렀던 표현은 무엇일까요?

도움말_ 조선시대 때 한글을 이르는 공식 명칭인 '훈민정음'보다 '언문'이라는 말이 더 많이 사용되었어요. 이 말은 일반 백성이 쓰는 쉬운 문자라는 뜻이나 유학자를 중심으로 '상스러운 글'이라며 한글을 깎아내렸지요.

차오르기 03

훈민정음 모음을 이루는 기본 단위로 하늘과 땅과 사람을 통틀어 이르는 표현은 무엇인가요?

도움말_ 모음은 음양의 원리를 기본으로 만들어졌어요. 기본 모음 '·ㅡㅣ'를 보면 '·'는 양(陽)인 하늘을 본떠 만들고, 'ㅡ'는 음(陰)인 땅을 본떠 만들었으며 'ㅣ'는 음과 양의 중간인 사람의 형상을 본떠 만들었어요.

차오르기 04

1448년(세종 30년)에 한자음의 표준 발음에 관한 첫 책이 나왔어요. 다음은 훈민정음을 반포한 뒤 한자음의 어지러움을 바로잡으려고 만든 책 이름이에요. ○○에 들어갈 '우리나라'를 뜻하는 두 글자를 쓰세요.

○○정운

도움말_ 1448년(세종 30년)에 신숙주·최항·박팽년 등이 세종의 명으로 편찬하여 간행한 우리나라 최초의 한자 발음책은 '동국정운'이에요. '동국정운'은 우리나라의 바른 음이라는 뜻이에요.

차오르기 05

첫소리에도 쓰이고 끝소리에도 쓰이는 글자로 첫소리에서는 소리가 안 나지만 끝소리에서는 소리가 나는 자음의 명칭은 무엇일까요?

도움말_ '악'과 '공'을 발음해 보세요. 첫소리에 나는 [ㅇ]은 발음되지 않지만 끝소리에서 [ㅇ]은 발음이 되지요.

3단계 아우르기 퀴즈

아우르기 01

세종은 한글 자음을 발음 기관과 발음하는 모양을 본떠 만들었어요. 그럼 혀끝이 윗잇몸에 닿는 모양을 본뜬 글자는 무엇일까요?

① ㄱ   ② ㅁ   ③ ㄴ

도움말_ '가, 나, 마, 사, 아'를 발음하면서 혀가 어떻게 움직이는지 확인해보세요. '는'을 발음해 보면 'ㄴ'이 어떻게 발음되는지 정확히 느낄 수 있어요.

아우르기 02

훈민정음을 세종과 그 신하들이 해설한 책 이름은 무엇일까요? 1962년 국보 제70호로 지정되었고 1997년 10월 유네스코 세계기록유산으로 등재되었습니다. 흔히 '○○○○ 해례본'이라고 하지만 정식 명칭은 '○○○○'입니다.

도움말_ 《훈민정음》 내용 가운데 훈민정음 창제 원리를 설명한 부분이 '해례'라서 해례본이라 하지요.

아우르기 03

다음은 훈민정음이 만들어졌을 때의 자음과 모음입니다. 다음 중 현재 쓰이지 않는 것은 무엇인가요?

ㄱ	ㄴ	ㄷ	ㄹ	ㅁ	ㅂ	ㅅ
ㅇ	ㅈ	ㅊ	ㅋ	ㅌ	ㅍ	ㅎ
ㆆ	ㆁ	ㅿ	·	ㅏ	ㅑ	ㅓ
ㅕ	ㅗ	ㅛ	ㅜ	ㅠ	ㅡ	ㅣ

도움말_ 현재 ㆆ, ㆁ, ㅿ, · 은 쓰이지 않습니다.

아우르기 04

한글은 자음과 모음의 결합이 규칙적인 글자예요. '고'에서 모음만 90도 오른쪽으로 회전시키면 '가'가 되지요. 그럼 '가'에서 모음을 90도로 오른쪽으로 회전시키면 무슨 글자가 될까요?

도움말_

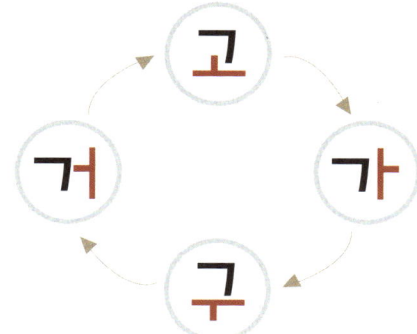

아우르기 05

한글을 낮추어 이르던 말로, 여자들이나 쓰는 글이라는 의미로 불렸던 명칭은 무엇일까요?

① 암글　　　② 수글　　　③ 아이글

도움말_ 암컷을 이르는 접두사인 '암-'과 '글'이 결합한 단어예요. 흔히 '암클'이라고 발음해요. 조선시대 한글 발전은 주로 여성들이 이끌었음을 보여주는 말이기도 해요.

아우르기 06

《훈민정음》 해례본에서 '천지자연의 이치는 오직 음양오행뿐이다'라는 구절이 있어요. 여기서 말하는 오행은 일주일을 나타내는 '월화수목금토일'에서 무슨 요일을 뺀 것인가요?

도움말_ 오행: 화(불), 수(물), 목(나무), 금(쇠), 토(흙)

정답

1단계 숨고르기　01. ②　02. ②　03. ①　04. ②　05. ①　06. ③
2단계 차오르기　01. 용비어천가　02. 언문　03. 천지인　04. 동국　05. 이응
3단계 아우르기　01. ③　02. 훈민정음　03. ㆆ, ㆁ, ㅿ, ·　04. 구　05. ①
　　　　　　　　　06. 일요일과 월요일

4단계 꽃피우기 퀴즈

브라질에 살고 있는 루카는 한국 문화에 관심을 가지게 되면서, 한글을 본격적으로 배우려고 브라질에 있는 세종학당에 다니기 시작했대요. 루카에게 한글을 소개하는 편지를 쓰려고 합니다. 괄호에 알맞은 말을 채워보세요.

루카에게

루카, 안녕? 내 이름은 (　　　　)(이)야. 만나서 반가워.

내가 한글에 대해서 몇 가지 알려 줄게.

한글은 (　1　)(이)라는 분이 글자를 알지 못하는 백성을 위해서 1443년에 만드시고 1446년에 널리 알린 대한민국의 고유 문자란다. 본래 이름은 (　2　)였/이었어. '백성을 가르치는 바른 소리'라는 뜻이야.

한글은 기본 자음 14자, 기본 모음 10자로 모두 24자야. 1443년에 만들어진 한글은 모두 28자였는데, 지금은 (　3　) 4자를 쓰지 않아서 24자가 되었어.

자음은 말을 할 때의 혀 모양과 (　4　)의 모양을 본떠서 만들었어.

'가'라고 해 보면 (　5　)이/가 목구멍에 닿는 것을 느낄 수 있을 거야.

이런 원리로 기본 글자인 (　6　)의 다섯 글자를 만들고, 기본 글자에 획을 더하여 ㅋ, ㅌ, ㅍ, ㅈ, ㅎ과 같은 글자를 만들었어.

모음은 하늘과 땅 그리고 (　7　)을/를 본떠서 만들었단다.

세종학당에서 열심히 공부해서 한글로 편지를 주고받을 수 있기를 기대할게!

그럼 안녕.

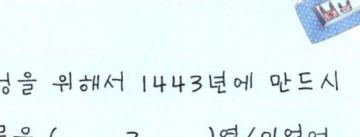

-한국에서 네 친구가 되고 싶은 (　　　　)가

길잡이_ 1. 세종대왕　2. 훈민정음　3. ㆆ, ㆁ, ㅿ, ·
4. 발음 기관　5. 혀뿌리　6. ㄱ ㄴ ㄷ ㅁ ㅅ ㅇ　7. 사람

열째 마당 인류 최고의 문자, 훈민정음 · 153

현대 한글 자음과 모음을 모아 만들 수 있는 글자는 몇 자일까요?

자음	ㄱ(기역) ㄴ(니은) ㄷ(디귿) ㄹ(리을) ㅁ(미음) ㅂ(비읍) ㅅ(시옷) ㅇ(이응) ㅈ(지읒) ㅊ(치읓) ㅋ(키읔) ㅌ(티읕) ㅍ(피읖) ㅎ(히읗)
모음	ㅏ(아) ㅑ(야) ㅓ(어) ㅕ(여) ㅗ(오) ㅛ(요) ㅜ(우) ㅠ(유) ㅡ(으) ㅣ(이)

> 한글 기본 자음자와 모음자의 수는 24자예요.

자음	ㄲ(쌍기역) ㄸ(쌍디귿) ㅃ(쌍비읍) ㅆ(쌍시옷) ㅉ(쌍지읒)
모음	ㅐ(애) ㅒ(얘) ㅔ(에) ㅖ(예) ㅘ(와) ㅙ(왜) ㅚ(외) ㅝ(워) ㅞ(웨) ㅟ(위) ㅢ(의)

> 위와 같은 기본 24자 말고도 기본자를 바탕으로 범위를 넓혀 만든 글자가 자음 5자, 모음 11자 더 있어요.
> 첫소리에 올 수 있는 자음자의 수는 19(14+5)자입니다.
> 가운뎃소리에 올 수 있는 모음자의 수는 21(10+11)자입니다.

| 받침 | ㄱ ㄴ ㄷ ㄹ ㅁ ㅂ ㅅ ㅇ ㅈ ㅊ ㅋ ㅌ ㅍ ㅎ ㄲ ㄳ ㄵ ㄶ ㄺ ㄻ ㄼ ㄽ ㄾ ㄿ ㅀ ㅄ ㅆ |

> 끝소리에 올 수 있는 글자는 모두 27자입니다.

> 그렇다면 받침 없는 글자 수는 399(19자×21자)자가 되고, 받침 있는 글자 수는 10,773(399자×27자)자가 돼요. 받침 없는 글자 수와 받침 있는 글자 수를 더하면 11,172자가 됩니다. 말소리를 받아쓸 수 있는 영역이 넓다는 증거예요.
> 11,172자 가운데 실제 쓰이는 글자 수는 2,500자 안팎입니다.

왜 훈민정음을 만드셨나요?

　우리나라 말이 중국과 달라 한자와는 서로 통하지 않았단다. 그래서 한자 모르는 백성이 말하고자 하는 바가 있어도 끝내 제 뜻을 펴지 못하는 사람이 많았느니라.
　내가 이것을 가엾게 여겨 새로 스물여덟 글자를 만들었노라. 모든 사람으로 하여금 쉽게 익혀서 날마다 쓰는 데 편하게 하고자 함이었노라.

세종 종합 퀴즈

가로세로 낱말 퍼즐

156

<가로>
1. 조선시대에 한글을 낮추어 부르던 말
2. 세종의 둘째 아들로 훗날 《훈민정음》 언해본을 펴낸 임금의 왕자 시절 이름
3. 훈민정음의 네 가지 창제 정신 중 '배우기 쉬운 글'을 이르는 정신
4. 세종이 1449년(세종 31년)에 지은 불교 찬가
5. 일제 강점기에 제정된 최초의 한글날 명칭
6. 1445년 이순지가 편찬한 천문서
7. 훈민정음이 창제된 뒤인 1444년, 여섯 가지 이유를 들어 한글 창제의 불필요성을 주장하는 상소를 올린 문신이자 학자
8. 세종의 언어 정책의 하나로 당시 혼란 상태에 있던 우리나라의 한자음을 바로잡아 통일된 표준음을 정하려는 목적으로 편찬된 책
9. 1432년 1월에 편찬된 조선 왕조 최초의 지리서인데 현재 전하지는 않음
10. 세종 재위 기간의 역사를 기록한 책
11. 독립운동가 서재필이 창간한 우리나라 최초의 한글 신문
12. 훈민정음에 최초로 '한글'이라는 이름을 붙였으며 독립신문을 제작하고 국어 문법을 완성한 국어학자

<세로>
① 세종의 둘째 형의 왕자 시절 이름
② 1445년(세종 27년) 4월에 편찬되어 1447년(세종 29년) 5월에 간행된, 조선 왕조의 창업을 기린 노래
③ 학문과 문화 연구 기관으로 '어진 사람을 모은다'는 뜻을 담고 있는 기관
④ 주시경 선생님이 한글의 자음을 '닿소리'라고 했는데 이에 대응하여, 모음을 일컫는 말
⑤ 세종 때 집현전 대제학으로 훈민정음 반포에 참여하였고 《고려사》, 《고려사절요》 등을 정리·편찬하였으며 《용비어천가》의 작곡자 중 한 사람
⑥ 1434년(세종 16년) 설순 등이 왕명에 따라 우리나라와 중국의 서적에서 부자, 군신, 부부의 삼강에 모범이 될 만한 효자, 충신, 열녀의 행실을 모아 만든 책
⑦ 세종 때 의학자 노중례가 지은 임신과 출산, 어린아이의 질병 치료에 관한 의학 책
⑧ 세종의 두터운 신임을 받았고 훈민정음을 반포하는 데 기여하였으며 외국어에 능통해 《동국정운》을 대표 저술한 사람

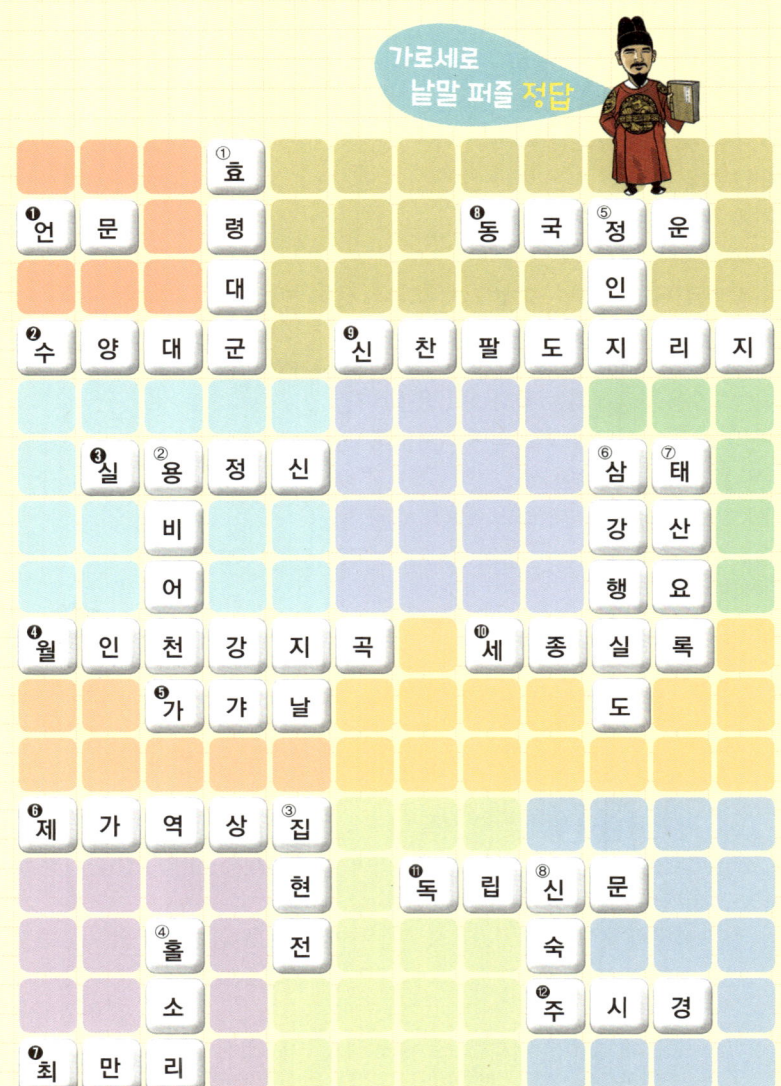

한글 기본 상식 짚어보기 O X 퀴즈

1. 세종이 우리말을 만들었다. (   )

2. 한글을 창제한 사실을 세종이 처음 알린 달은 1443년 12월(음력)이다. (   )

3. 한글(훈민정음)을 일반 백성에게 반포한 날은 1446년 10월 9일(음력)이다. (   )

4. 한글은 세종과 집현전 학사들이 함께 창제했다. (   )

5. 최만리, 신석조, 김문, 정창손, 하위지, 송처검, 조근 일곱 명은 한글 창제 후 반대 상소를 올렸다. (   )

6. 조선시대 양반들은 상소를 많이 올려 한글 사용 자체를 반대했다. (   )

7. 한글 반포 후 중국은 조선의 훈민정음이라는 새 문자에 주목했다. (   )

8. 한글은 조선시대에 주로 '훈민정음'이라 했다. (   )

9. 한글의 우수성을 서양에 처음으로 알린 이는 하멜이다. (   )

10. 한글은 조선시대 때 주로 하층민이 쓰면서 발전했다. (   )

11 한글은 세계 기록 유산이다. (   )

12 북한의 조선글날도 10월 9일이다. (   )

13 '한글'이란 명칭은 북한에서도 쓴다. (   )

14 '언문'은 낮춤말로 세종은 이 용어를 사용하지 않았다. (   )

15 한글 자음 'ㄴ'은 혀끝이 입천장에 닿는 모습을 본떴다. (   )

16 한글 자음 'ㄱ'은 혀뿌리가 목구멍을 막는 모습을 본떴다. (   )

17 모음을 만드는 기본자는 'ㆍ, ㅡ, ㅣ'이다. (   )

18 15세기 훈민정음 기본자는 28자이다. (   )

19 현대 한글 기본자는 모음자 14자, 자음자 10자 모두 24자이다. (   )

20 현대 한글 자모로 조합할 수 있는 글자 수는 11,172자이다. (   )

한글 기본 상식 짚어보기 <답과 풀이>

1 세종이 우리말을 만들었다. (×)
　도움말 세종이 만든 것은 우리글, 한글이에요.

2 한글을 창제한 사실을 세종이 처음 알린 달은 1443년 12월(음력)이다. (○)
　도움말 1443년 음력 12월에 창제되었습니다. 《세종실록》 1443년 음력 12월 30일자 기록에 "이달에 임금이 친히 언문 28자를 만들었다."라고 하였습니다.

3 한글(훈민정음)을 일반 백성에게 반포한 날은 1446년 10월 9일(음력)이다. (×)
　도움말 1443년 음력 9월 상한(상순)에 반포되었습니다. 상순은 1일부터 10일 사이를 가리킵니다. 그래서 상순의 마지막 날인 9월 10일을 기준으로 양력으로 바꿔 정한 날이 10월 9일입니다.

4 한글은 세종과 집현전 학사들이 함께 창제했다. (×)
　도움말 공동 창제는 공개 연구를 했다는 것인데 그것 자체가 불가능합니다. 1443년 창제 후 한글 반포를 위한 연구를 집현전 일부 학사들과 함께 하여 《훈민정음》 해례본을 신하들(정인지, 최항, 박팽년, 신숙주, 성삼문, 이개, 이선로, 강희안)과 함께 펴내다 보니 공동 창제설이 널리 퍼졌습니다.

5 최만리, 신석조, 김문, 정창손, 하위지, 송처검, 조근 등 일곱 명은 한글 창제 후 반대 상소를 올렸다. (○)
　도움말 한글 창제는 1443년 음력 12월이고 최만리 외 6인이 반대 상소를 올린 것은 1444년 음력 2월 20일입니다. 그러므로 창제 후 반포를 반대했다고 보아야 합니다.

부록 · 161

6 조선시대 양반들은 상소를 많이 올려 한글 사용 자체를 반대했다.
(×)
도움말 조선시대 양반들이 한글 자체를 반대하지는 않았어요. 1446년 정식 반포 이후 반대 상소가 단 한 건도 없었어요. 다만 이류 문자로 철저히 무시했답니다.

7 한글 반포 후 중국은 조선의 훈민정음이라는 새 문자에 주목했다.
(×)
도움말 조선은 새 문자 창제 사실을 중국에 적극적으로 알리지는 않았지만 중국(명나라)은 그 어떤 반응도 보이지 않았어요.

8 한글은 조선시대에 주로 '훈민정음'이라 했다. (×)
도움말 '훈민정음'은 특별한 때만 쓰였고 실제로는 주로 '언문'이라 불리다가 1910년 이후 '한글'이란 명칭이 널리 퍼졌어요.

9 한글의 우수성을 서양에 처음으로 알린 이는 하멜이다. (○)
도움말 하멜은 《하멜 표류기》(1668)에서 조선에는 한자, 이두보다 더 뛰어난 문자(언문)가 있다고 썼어요. "문자를 쓰는 데는 세 가지 다른 방법이 있다.
첫 번째 것은 주로 쓰는 방식인데 중국이나 일본의 글자(한자, 괄호 인용자)와 같다. 조정과 관계된 공식 국가 문서뿐만 아니라 모든 책이 이런 식으로 인쇄된다.
두 번째 것(이두, 인용자)은 네덜란드의 필기체처럼 매우 빨리 쓰는 문자가 있는데 이 문자는 고관이나 지방관들이 포고령을 쓰거나 청원서에 권고를 덧붙일 때 쓰며 서로 편지를 쓸 때도 사용한다. 일반 백성은 이 문자를 잘 읽을 수 없다.
세 번째 것은 일반 백성이 사용하는 문자로 배우기가 매우 쉽고, 어떤 사물이든 표기할 수 있다. 전에 결코 들어 보지 못한 것도 표기할 수 있는 더 쉽고 더 나은 문자 표기 방법이다. 그들은 이 글씨를 붓으로 매우 능숙하게 빨리 쓴다."
(헨드릭 하멜, 김태진 옮김, 《하멜 표류기》, 서해문집, 2003, 136~137쪽.)

10 한글은 조선시대 때 주로 하층민이 쓰면서 발전했다. (×)
  도움말 하층민은 '평민' 이하를 가리키는 말이에요. 조선시대에 하층민은 문자 생활 자체가 힘들었어요. 한글을 만든 것도 지배층이고 널리 보급한 것도 지배층이었지요. 물론 하층민과의 소통을 위해 만들었으므로 하층민이 한글 창제와 발전의 계기가 된 것은 분명해요.

11 한글은 세계 기록 유산이다. (×)
  도움말 세계 기록 유산으로 지정된 것은 세종이 1446년에 펴낸 《훈민정음》이란 책이에요. 흔히 '훈민정음 해례본'이라고 합니다.

12 북한의 조선글날도 10월 9일이다. (×)
  도움말 북한은 1월 15일을 조선글날 또는 훈민정음 기념일로 삼아 기립니다.

13 '한글'이란 명칭은 북한에서도 쓴다. (×)
  도움말 '한글'이란 명칭은 분단 이전인 1910년 이후부터 쓰였지만 북한에서는 이 용어를 남한의 용어로 규정하고 쓰지 않아요. 북한에서는 '조선글'이라 한답니다.

14 '언문'은 낮춤말로 세종은 이 용어를 사용하지 않았다. (×)
  도움말 '언문'은 원래는 훈민정음을 가리키는 보통 명칭이었지만 사대부들이 깔보다 보니 낮춤말이 되었어요. 세종도 '언문'이란 용어를 사용하였어요.

15 한글 자음 'ㄴ'은 혀끝이 입천장에 닿는 모습을 본떴다. (×)
도움말 《훈민정음》에서는 혀가 윗잇몸에 닿는 모습을 본떴다고 했어요.

16 한글 자음 'ㄱ'은 혀뿌리가 목구멍을 막는 모습을 본떴다. (○)
도움말 '윽/극' 등을 발음해 보면 그 모습을 정확히 알아챌 수 있습니다.

17 모음을 만드는 기본자는 'ㆍ, ㅡ, ㅣ'이다. (○)
도움말 각각 하늘, 땅, 사람을 본떴답니다.

18 15세기 훈민정음 기본자는 28자이다. (○)
도움말 자음 17자, 모음 11자로 모두 28자였고 현재는 이 중 네 글자를 안 써요.

19 현대 한글 기본자는 모음 14자, 자음 10자로 모두 24자이다. (×)
도움말 자음 14자, 모음 10자예요.

20 현대 한글 자모로 조합할 수 있는 글자 수는 11,172자이다. (○)
도움말 초성으로 쓸 수 있는 자음이 19자, 중성으로 쓰이는 글자가 21자, 종성으로 쓰일 수 있는 자음이 겹받침 포함 27자입니다. 따라서 받침 없는 글자는 19x21=399자, 받침 있는 글자는 399자x27=10,773자예요. 받침 없는 글자와 받침 있는 글자를 합치면 11,172자입니다.

주로 참고한 책과 누리집

김도태(1956), 『세종대왕전기』, 교양문고간행회
김성배(1983), 『세종 시대의 예의범절』, 세종대왕기념사업회
김슬옹(2011), 『세종대왕과 훈민정음학』, 지식산업사
김슬옹(2013), 『세종 한글로 세상을 바꾸다』, 창비
김슬옹(2013), 『한글을 지킨 사람들』, 아이세움
김영기 편/한은주 역(1998), 『세종대왕-15세기 한국의 빛』, 신구문화사
문명대(1986), 『세종 시대의 미술』, 세종대왕기념사업회
박병호(1986), 『세종 시대의 법률』, 세종대왕기념사업회
박종국(1984), 『세종대왕과 훈민정음』, 세종대왕기념사업회
박현모(2008), 『세종처럼: 소통과 헌신의 리더십』, 미다스북스
박현모(2014), 『세종이라면』, 미다스북스
성경린(1985), 『세종 시대의 음악』, 세종대왕기념사업회
세종대왕기념사업회(1981), 『세종대왕어록 1·2』, 세종대왕기념사업회
세종대왕기념사업회(1987), 『세종대왕 연보』, 세종대왕기념사업회
손보기(1985), 『세종대왕과 집현전』, 세종대왕기념사업회
손보기(1986), 『세종 시대의 인쇄 출판』, 세종대왕기념사업회
안덕균(1985), 『세종 시대의 보건 위생』, 세종대왕기념사업회
이상주(2013), 『세종의 공부』, 다음생각
이태극(1983), 『세종대왕의 어린 시절』, 세종대왕기념사업회
이한우(2006), 『세종, 조선의 표준을 세우다』, 해냄출판사
이해철(1985), 『세종 시대의 국토 방위』, 세종대왕기념사업회
전상운(1986), 『세종 시대의 과학』, 세종대왕기념사업회
정윤재·박현모·김영수 (2010), 『(청소년을 위한) 세종 리더십 이야기』, 한국학중앙연구원출판부
정윤재(2010), 『세종과 재상 그들의 리더십』, 서해문집
최철(1985), 『세종 시대의 문학』, 세종대왕기념사업회
최종민(2013), 『훈민정음과 세종악보』, 역락
한태동(2003), 『세종대의 음성학』, 연세대학교출판부
홍승원(2008), 『만화 성왕세종』, 바우나무

조선왕조실록 sillok.history.go.kr
세종대왕기념사업회 www.sejongkorea.org/
한글학회 www.hangeul.or.kr/

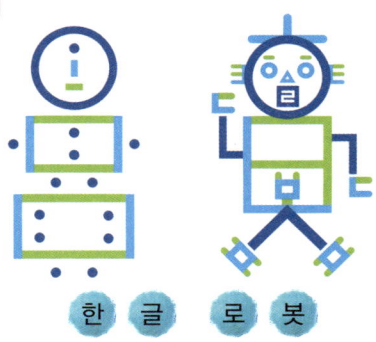

한 글 로 봇

세종의 흔적을 찾아서

세종대왕 생가터 – 서울시 종로구 자하문로

세종대왕은 1397년 경복궁 옆 한양 준수방에서 태어났다. 준수방은 조선 초기의 행정구역 명칭으로 지금의 통인동 구역이다. 세종의 정신을 기리고자 통인동 일대를 세종마을이라고 지정하였다.

영릉 – 경기도 여주시 능서면 왕대리 산83-1

세종대왕의 마지막 흔적을 느낄 수 있는 곳이다. 세종대왕과 소헌왕후의 합장릉인데 조선 왕릉 최초의 한 봉우리에 서로 다른 방을 갖추고 있는 합장 무덤이다.

세종대왕기념관 – 서울시 동대문구 회기로 56

세종대왕의 업적을 기리고 이를 많은 사람에게 알려주고자 설립된 기념관이다. 일대기실, 한글실, 과학실, 국악실, 옥외 전시물 등으로 구분되어 있으며 각 전시실에서 세종 관련 전시물을 관람할 수 있다.

광화문 광장 – 서울시 종로구 태평로1가

서울시 종로구 광화문 광장에 세종대왕 동상이 세워져 있고 세종대의 발명품도 전시되어 있다. 그리고 그 아래(지하)에 세종대왕을 주제로 하는 전시관이 있다. 이 전시관에서 한글 창제와 관련된 전시물과 세종의 과학, 예술, 군사 등과 관련된 정책을 소개한다. 전시물을 통해 세종의 사상을 느낄 수 있으며 전시관에서 시행하는 체험 프로그램에도 참여할 수 있다.

초정약수 – 충청북도 청주시 청원군 내수읍 초정리

초정약수는 예로부터 병을 낫게 하고 약이 된다고 전해져 왔다. 밤늦게까지 이어진 독서로 눈병이 심각해진 세종대왕이 초정약수의 효험을 듣고 청주 초정리로 행차하였다. 며칠 동안 머물며 요양을 하니 실제로 건강의 효과가 있었으며 그 덕에 마을 사람들은 세종으로부터 은덕을 입을 수 있었다.

세종대왕 태실지 – 경상남도 사천시 곤양면 은사리

세종대왕의 태를 봉안한 태실이 있던 곳이다. 정유재란(1597) 때 왜적에 의해 도굴, 파손되었던 것을 1601년에 수리를 하고 태실을 경기도 양주로 옮겼다.

퀴즈 세종대왕

초판발행	2015년 5월 15일
개정판발행	2018년 5월 15일
개정판 2쇄	2022년 12월 13일
저자	김슬옹
편집	권이준, 양승주, 김아영
펴낸이	엄태상
디자인	이건화
콘텐츠 제작	김선웅
마케팅본부	이승욱, 왕성석, 노원준, 조성민, 이선민
경영기획	조성근, 최성훈, 정다운, 김다미, 최수진, 오희연
물류	정종진, 윤덕현, 신승진, 구윤주
펴낸곳	한글파크
주소	서울시 종로구 자하문로 300 시사빌딩
주문 및 교재 문의	1588-1582
팩스	0502-989-9592
홈페이지	http://www.sisabooks.com
이메일	book_korean@sisadream.com
등록일자	2000년 8월 17일
등록번호	제300-2014-90호
ISBN	978-89-5518-574-4 73990

* 한글파크는 랭기지플러스의 임프린트사이며, 한국어 전문 서적 출판 브랜드입니다.
* 이 책의 내용을 사전 허가 없이 전재하거나 복제할 경우 법적인 제재를 받게 됨을 알려 드립니다.
* 잘못된 책은 구입하신 서점에서 교환해 드립니다.
* 정가는 표지에 표시되어 있습니다.